『念佛詩抄』とわたし

＝木村無相翁三十三回忌法要記念文集＝

法要世話人会

永田文昌堂

よき人、木村無相さん

無相文庫の前に本尊・法名牌・写真安置

勤行後、DVD「木村無相」の前半を上映中：120人の参詣者、特に初めての人は熱心に見入る。

目次

1　木村無相翁三十三回忌法要次第

期日　平成二十八年三月六日(日)　晴れ
場所　第三和上苑（越前市高木町）
次第（敬称略）
1　受付開始（一二：二〇）『念佛詩抄』贈呈・販売
2　開会（司会　安野龍城）（一三：〇〇）
3　読経　正信偈訓読　一同唱和（加茂淳光）（一三：〇五）
4　ＤＶＤ『木村無相』前半鑑賞（一三：三〇）
5　「念佛詩抄」リレー法話（一四：一〇）
①日下　賢裕（浄土真宗本願寺派恩栄寺若院）「還相回向に出遇う」
②下川　明秀（真宗大谷派順光寺若院）「私の信心雪だるま」
③菅原　量（真宗大谷派称名寺住職）「ただ念仏して」
④泰圓澄一法（真宗出雲路派長慶寺副住職）「この御和讃に」
※「リレー法話を拝聴して」（藤枝宏壽）
6　休憩（一五：一〇）
7　感話発表（一五：二〇）
（土井紀明、法岡龍夫、梶原佑倖、橘善證、加茂淳光）

8　恩徳讃…供物・お茶配布　散会　（一六：〇〇）

備　考

◎法要御供え　誠徳寺・吉祥堂仏壇店・小大黒屋・ヒサノ法衣仏具店・かじそ仏檀店・北山法衣仏具店・牧野法衣仏具店・永田文昌堂・自照社出版・探究社、各位から現物の御供えを拝受。

★当日参会者　一二〇人余

◇受付等会場世話人

真宗出雲路派青年会（菅原崇、医王宗弘、藤野間順、平浩之）、

わかたけ職員（岩崎静恵、中野信子、清水スミ子、三田村清美、江端篤子、玉川優子）、

他有志（千秋マツ子、千秋越裕、泰圓澄 智）。

◆法要世話人　加茂淳光、白藤昭武、安野龍城、泰圓澄一法、藤枝宏壽（事務担当）

2 『念佛詩抄』リレー法話

(一) 還相回向に出遇う

石川県山中町　浄土真宗本願寺派　恩栄寺若院　日下　賢裕

木村無相翁の三十三回忌のご法要ということで、ご縁を頂戴しました。三十三回忌ということは、無相さんのご往生から丸三十二年が経つことになりますが、今日まで無相さんという方が多くの方から親しまれているということは、本当に驚くことであり、また尊いことです。私自身、今回のご縁を頂戴するまで、無相さんのことは、お名前を聞いたことがある程度でほとんど存じ上げませんでした。念仏者としてここ福井の地で今も親しまれているにもかかわらず、私はあまり存じあげなかったということは、大変恥ずかしい思いが致します。

そんな私でありましたが、今回、ご縁をいただく中で、無相さんの書かれた詩を集めた「念仏詩抄」を何度も読ませていただきました。たくさんの詩からは、無相さんの深い深い念仏の味わいや、道を求め続けられた歩みが感じられ、読めば読むほど、多くの気づきをいただくと共に、自分自身のあり方について、深く反省させられるような思いもしました。

その中でも、特に心を打たれましたのが、「還相」とタイトルのつけられた二つの詩でした。

還相　(二)　—末讃を戴きつつ—　(『念佛詩抄』一八〇頁)

〝ナムアミダブツの廻向の　恩徳広大不思議にて
往相廻向の利益《りやく》には　還相廻向に廻入《えにゅう》せり〟
わたしがあらわす　還相は　未來のほかは　ありません

ただただ未來と　言ったとて　わたしが死んだ　その時で
　とおい未來じゃ　ありませぬ
わたしの未來は　ナムアミダブツ　ただ念仏の　身となって
此の世であなたに　遇うのです　ナムアミダブツは　未來のわたし
ナムアミダブツは　未來のわたし
　ナムアミダブツ　ナムアミダブツ　ナムアミダブツ　ナムアミダブツ

　還相　(二)　―末讃を戴きつつ―　(一八一頁)
〃像末五濁《ぞうまつごじょく》の世となりて　釈迦の遺教《ゆいぎょう》かくれしむ
弥陀の悲願ひろまりて　念仏往生さかりなり〃
　往生　往生　言うけれど　死ぬるんでない　生きるんですよ
生まれかわって　生きるんですよ　やはり此の世に　還り来て
やはりあなたと　語るのです
ただただ未來は　此の身ぢゃなく　ナムアミダブツの　身となって
あなたに語り　かけるのです　ナムアミダブツが　未來のわたし
　ナムアミダブツ　ナムアミダブツ　ナムアミダブツ　ナムアミダブツ

この二つの詩は、浄土真宗のみ教えにあります還相回向という大切な教えについて書かれた詩であります。実はこの還相回向といいますのは、私にとりまして、浄土真宗の教えの中でも、一番むずかしいと言いましょうか、とらえどころのないものであるなあ、ということを、これまで感じておりました。ところが無相さんのこの二つの詩は、還相回向ということについて、とてもわかりやすく、そしてまた優しく、温かい味わいがなされていると感じました。そしてこれまで難しいと感じていた還相回向というものが、「ああ、そうであったなあ」というように、自分の中に染み渡ったような思いがいたしました。

還相回向と言いますのは、曇鸞大師の『往生論註』に出てくる教えであり、親鸞聖人は『顕浄土真実教行証文類』の教文類の中に「つつしんで浄土真宗を案ずるに、二種の回向あり。一つには往相、二つには還相なり」とお示し下さいました。これは阿弥陀仏による私への回向、救いのはたらきに二つの相がある、ということを示したお言葉です。そのはたらきの相とは、一つはこの私が阿弥陀仏のお浄土に往生させていただくはたらき。そして、阿弥陀仏の浄土に往生して、大悲の仏となって、今度はまた再びこの世界に還り来て、すべての衆生を教化して、一緒に仏道に向かわせようとする二つのはたらきです。この二つのはたらきは、切り離すことができないものであり、『正信偈』に「往還回向由他力」とあるように、どちらも私に対して阿弥陀仏から与えられる力である、とされております。

しかし、往相、つまり私がお浄土へと往生させていただく、ということは、なんとなくイメージしやすいものでありますが、この還相というものは、私はどうもイメージがしづらいものである、と感じておりました。お浄土へ往生し、そしてまた還り来る。それは一体どのようにして、どのような姿で、どのようなはたらきとして還ってくるものであるのか。そしてもし、そのような還相回向というはたらきがあるのであれば、それを私たちは今、感じることができるのか、できるとしたら、それはどのようなものとして出遇うことができるのか……

そのようなことが、私にとって長年の間の疑問といいますか、意味合いとしてはわかるのだけれど、具体的なはたらきとして、どのようにとらえればいいのか、ということが、なかなかわからない部分でありました。しかし、そのような疑問が、今回、無相さんのこの「還相」と題された二つの詩によって、一気に解かれたような思いがしました。この二つの詩は、「還相」というはたらきを本当に的確に表現しながら、そして優しい温もりを感じることのできる詩として詠まれております。

少し詩を味わいつつ、還相というはたらきについて考えてみますと、「還相（一）」の前半部分では、還相は未来のものである、と無相さんはおっしゃっておられます。これは単純に、今のことではなくて、未来のことである、とおっしゃるだけでなく、今はまだ凡夫の身であるけれども、ナムアミダブツのお念仏に出遇い、お浄土に往生させていただき、仏と成らせていただくことが、未来に定まっている。この命が尽きた時、それが間違いなく成就するんだ、という思いが端的に表されている部分であると味わうことができます。そして、その後半部分では、還相とはどのようなはたらきであるのか、ということが、詠まれております。無相さんは、還相とは、ナムアミダブツになるんだ、ただ念仏の姿になるんだ、と受け取っておられます。そしてナムアミダブツとなって、今度はこの世界に生きる私たちとまた出遇うことができる。ナムアミダブツは、阿弥陀さまそのものです。その阿弥陀さまと同じ姿、ナムアミダブツの姿に、この私もならせていただける。そして、この世界へと還り来る。このはたらきが、還相であるんだと、無相さんはいただいておられます。

そしてもう一つの「還相（二）」の方からは、まず往生ということについて、無相さんの味わいが表現されています。人としての命を終えることとは、死を迎えることと、私たちは思いますが、往生、というのは、死ぬのではない、生まれかわって生きるんだと無相さんはおっしゃられます。では、何に生まれ変わるのか。仏さま、と言ってもいいでしょうけれども、無相さんはもっと踏み込んで、ナムアミダブツに生まれかわって生きるんだ、とおっしゃられます。そしてナムアミダブツのいのちとなって、この世界へと還りくる。そして、またこの世界に生きる私に語りかけるはたらきとなるんだ、それが未来の私である。私の未来は、阿弥陀仏のはたらきによって、そのように定まっているんだ、ということが、この詩から伝わってまいります。

この二つの詩を詠まれた時、無相さんはまだ、往生しておられるわけではない。けれども、ナムアミダブツとなって、また還り来ることが定まっているんだということへの喜びというものも、この温かな二つの詩から感じられます。

こうして、「還相」という二つの詩を見てまいりましたが、こうして考えてみますと、私は木村無相さんという方にお会いしたこともありませんし、『念仏詩抄』という一冊の詩集を通してしか、存じあげませんでした。しかし、不思議なご縁で、この三十三回忌法要のご縁に出遇わせていただいて、皆さまと一緒に、お念仏申させていただけるということ、実はこれが、無相さんの還相のはたらきであるのだなあと、しみじみと感じられることです。お念仏はもちろん、阿弥陀仏の私を呼ぶ声であり、阿弥陀さまのはたらきによって、この私の口から出てくるものですが、それと同時に、ナムアミダブツのすがたとなった、無相さんのはたらきであり、語りかけでもあるのだ、ということが、この「還相」と題された二つの詩を通して、感じられたことです。

そしてもう少し味わいを深めてみますと、この私の口からナムアミダブツと出てくるお念仏は、無相さんだけではなく、お念仏を喜んでこられた、私たちの先輩方、懐かしい方々、それら全ての方の語りかけでもあるということにも、思いが至りました。

ナムアミダブツ、このお念仏こそが、実は還相のはたらきであった。今日ご紹介させていただいた無相さんの二つの詩を通して、無相さんのはたらきに出遇い、そして還相というはたらきに出遇えた、そのような思いがいたしました。

(二)「私の信心雪だるま」

福井市　真宗大谷派　順光寺若院　下川　明秀

今回のご縁をいただかなければ、私は木村無相翁の詩をこうも何度も読み返すことはなかったと思います。ただ、何回も読むにつれて、最初に読んだ時の感動とは、また違った何か奥深いものを感じるようになりました。その中でも、特に印象に残り深く考えさせられた詩をご紹介したいと思います。詩の題名は「ご信心(一)」(二八頁)です。

「わたしの信心　雪だるま　オテントさま出りゃ　すぐとける　オテントさまがご信心―」

私は、この詩を初めて読んだ時、何となくわかるようで、でも何か腑に落ちない感じがしてなりませんでした。なぜ、無相翁は、私の信心を雪だるまに例えたのだろうか。そして、オテントさまが出たら、なぜ私の信心は溶けてしまうというのだろうか。最後のオテントさまがご信心とは、はたしてどういう意味なのだろうか。

そこで、念佛詩抄の中に何かヒントがないか探してみましたが、念佛詩抄に収めてある三百三十篇の詩の中で、「オテントさま」を引用した詩はこの詩だけでした。

ただ、ヒントになるような詩がありました。それは、「しらぬは」(二六頁)という題の詩です。

「しらぬが　ほとけと　いうけれど　しらぬは　ぼんぶで　ありましょう
〃摂取心光　常照護〃　おやさま　いつも　まもりづめ」

この摂取心光常照護とは、正信偈の一節です。続けて言えば「摂取心光常照護、已能雖破無明闇、貪愛瞋憎之雲霧、常覆真実信心天、譬如日光覆雲霧、雲霧之下明無闇」となります。

このくだりを訓読しますと、「摂取の心光、常に照護したまう。すでによく無明の闇を破すといえども、貪愛、瞋憎の雲霧、つねに真実信心の天に覆えり。たとえば、日光の雲霧に覆わるれども、雲霧の下、明らかにして闇きことなきがごとし。」となります。

そこで、先の雪ダルマの詩と対応してみると、阿弥陀さまをオテントさまにお喩えになって、わかりやすく阿弥陀さまの大いなる慈悲の光のおはたらきをあらわしているように思われます。そして、その光に遇うことで自分の本性を知らないでいた闇、いわゆる無明の闇が破られ、煩悩がたとえ消えなくても、煩悩を持って生きていくことへの自覚さえあれば、浄土へと歩むことができる。そのようにいただくことができるようです。

東本願寺が出版している「真宗」平成二十八年二月号の中に、大谷大学名誉教授である小川一乗先生が、昨年の真宗本廟報恩講にてご講演された内容が載っており、その中に次のようなことが書かれていました。

「今まで、〝私が生きている〟のだ、だから私の思い通りに生きられるのだ、思い通りに生きなければ損だと思って生きていたけれども、そうではなかった。ただ今の一瞬一瞬がいただきものであったと。さまざまなご縁によっていただいている一瞬一瞬であった、そのことに目覚めるのが〝さとり〟であり、それがお釈迦さまの正覚なのです。そして、そういう一瞬一瞬がいろいろなご縁によって成り立っている私であったということに目覚めた時に、〝私が、私が〟といっている私の思いが問い直される。あぁ、また〝私が〟といってしまった。また〝私が、私が〟といって、自分の都合ばかりを求めてしまった。しかし、そうではないのだという気づきがもたらされるのです。」と。

これを読んだ時、ハッと思いました。確かに「私が、私が」といって生きている自分がいると。普段の家庭生活の中においても、仕事の中においても。

私は、今の職場で中間管理職という立場で仕事をしています。そうしますと、下からは上司に対する不満を聞き、上からは部下に対する小言を聞きながら、その間に挟まれ仕事をしています。そうした部下や上司の話を聞いても自分の立場を守るため、なかなか相手の気持ちになって物事を考えることをしない。何か嫌なことがあれば「あいつが悪いからだ」とか、自分の都合だけで生きてきた、そういう自分勝手な私であったなと気づかされました。

そして無相翁が、「私の信心」というものを「雪だるま」に喩え、「オテントさま出りゃすぐ溶ける」といった意味が、少し見えたような感じがしました。

「私が、私が」といって、自分勝手な思いによってつくってきたこの信心、それは「私が、私が」という我執を固めながら、日々大きく、大きく丸めてつくった雪だるまのようなもの。そんな我執によってつくられた信心は、「摂取の心光」、いわゆるオテントさま、阿弥陀さまの光にあえば、たちまちに、「私が、私が」といって生きている、この私の本性が照らされ明らかにされていく。そして、「煩悩を断つことができない自分であったな」と気づくことで、私の我執によってつくられた雪だるまのような信心は溶けて消えてしまうよ、と無相翁は私に教えているのではないか。

しかも、その溶けた雪だるまの水さえも「摂取心光常照護」のとおり、そのまま慈光の中に攝めとり、おさとりの海へと導いていってくださる。そして、この煩悩ある私をこそ救わんという阿弥陀さまの大いなるおはたらきこそが「願力回向のご信心」。

だから「オテントさまがご信心」と、無相翁はいわれていたのだなと感じとることができました。

それに関連してもう一つ、無相翁の詩を紹介します。「わかる」（六七頁）という題の詩です。

「念佛　念佛いうけれど　念佛してみりゃすぐわかる　念佛なかなかもうせぬと
信心　信心いうけれど　信心してみりゃよくわかる　凡夫の信心つづかぬと

行信ともに落第と　しらしてもらえば　ようわかる　大悲の願心よりないと」

私みたいな自分の都合ばかりを求めて生きている、まさに「行信ともに落第」の凡夫こそが、阿弥陀さまの大悲の願心のお目当てであったと気づかせていただく。そして自分の本性を知らないでいた闇が破れたとき、ありがとうございます、ナムアミダブツ、ナムアミダブツとお念仏もうさせていただく。それこそが信心を賜ったことなのだ、と無相翁は言われているように感じます。

しかし、私はこれからも、「私が、私が」という自分の都合ばかりを求めて生きていくことでしょう。そうして生きていきながら、無相翁が言われている「念佛なかなかもうせぬと」、「凡夫の信心つづかぬと」、「行信ともに落第と」、心から気づかされる身にいつかなれるよう、今回のご縁を機に、これからの人生において念仏生活を実践し、さらにご信心を求めていく座右の銘として、この「念佛詩抄」をこれからも読み続け、味わって生きていきたいと思います。

(三)　ただ念仏して

越前町　真宗大谷派　称名寺住職　菅原　量

「無相よ
ていさいをかまうな　カッコええことを言おうとするな　書こうとするな
それよりも　それよりも　よくもわるくも　本音をはけ　本音をはけ
そのときどきの　本音をはけ　本音をはけ」
（一六頁）

十六年前、真宗を学んでいた学生はこの詩に出遇うまで、頭で念仏を理解しようとし、理論的に念仏を解釈しようとしていた。ある意味で真面目な学生は、先人の講義録の字面だけを追い、仏教用語は解説の為に辞書を引き、体裁をかまい、格好良い表現を求め、本音を吐かずに生きていた。既に学生生活は六年が過ぎ去り、体裁をかまうことで解決してきたと自負していた。しかし、嘘、偽りだらけの「私」が「私」であり続けることは決してない。私はこの詩に出遇い、この詩によってどこまでも深く暗い漆黒の底なし沼のような学生生活を転換させてくれた。身の回りの一切の変化は無くとも、今までモノクロ写真の様な生活が、一コマ一コマ色鮮やかな写真の様な生活が訪れた。まさにこの詩との出遇いは目覚めであった。

無相翁の言葉は、

「ひそかに以《おもん》みれば、難思の弘誓は難度海を度する大船、無碍の光明は無明の闇を破する恵日なり」(教行信証総序)

とあるように、無碍の光となって嘘、偽りだらけの私を照らして下さった。その自分の姿をみるたびに私を確認し、格好付けずに本音を吐こうと前を向いて生きていける。

宗教とは、簡潔に言うと生きる力を持たせてくれるものである。無相翁の多くの詩は、生きる力を与えてくれるものであった。どのような私であっても、私として生きていこうと背中を押してくれる師であり、友のような存在である。私がこの世に生を受け、数年後に無相翁は浄土へ還られている。事実、会ったことも無い人から生きる勇気と弥陀の本願を知らされることは不思議であり、御縁としか言い様のない有り難いものである。

そこで無相翁の人生を思い返すと、若い時から大変な環境から仏道を求め、真言と真宗を三度も往復された。恐らく自己の救済に焦点を絞り、そして破れ、また苦悩の連続であったと思われる。そこから生まれた詩が、また多くの悩める衆生を救うことになることは、お前もお念仏の無限の世界に共に生きているぞと、無相翁から温かく願われているように感じる。

「物をいえいえと仰せられ候。物を申せば、心底きこえ、また人にもなおさるるなり。ただ物を申せと仰せられ候。─中略─ 信不信ともにただ物をいえと仰せられ候。」（蓮如上人御一代記聞書 第八七条）

福井の地に御縁を頂くこととなった誠徳寺のご住職とも幾多のことを語り合ったに違いない。本音を吐き合い、共に認め合い、互いに念仏を頂いた関係がまた多くの方々と念仏申す大切な御縁となっていったのであろう。

無相翁の詩の温かさはどこからくるのかと思案すると、やはりお念仏と生活がぴたりと寄り添っているからではないかと推測できる。

「オーイとハーイ
ナムアミダブツは　オーイということ
ナムアミダブツは　ハーイということ
オーイとよんだら　ハーイとこたえる
オーイも　ハーイも　ナムアミダブツ
ひとつで　コト足る
ナムアミダブツ　ナムアミダブツ　ナムアミダブツ」（念仏詩抄八八頁）

この詩を読んだ時、五十年近く共に人生を歩んでいる両親の、生活臭を放ちながら毎日支えあっている姿が私の頭にまず浮かんだ。特に熟年の夫婦は、この詩のように相手のことを二人称で呼ぶこともなく、また呼ばれた相手も私のことだと理解した上での返答をする。この何気ない生活の場面にもナムアミダブツがはたらいて居られると謳った無相翁の視点に非常に人間味を帯び、温かいものを感じることができる。無相翁が生涯独身であったことを踏まえると、御両親の姿から感じ取ったものかもしれない。

同時にこの詩は、「二河譬《にがひ》」（教行信証 信巻）を連想させる。人が広い火の河、水の河の間に一筋の白道を渡ろうとする譬えである。そこには今まさに賊と獣が行者に襲いかかろうとしている。行者はわずか四五寸ばかりの白道を決死の思いで渡ることを決断する。その時、東の岸より人の勧める声を聞く。きみ、ただ決定してこの道を尋ねて行け、必ず渡ることができると。また西の岸より声を聞く。汝、一心に正念して直ぐに来なさい。汝を護ろうと。釈迦の発遣《はっけん》と弥陀の招喚《しょうかん》の声である。つまり、行者の背中を押す釈迦の発遣と、大丈夫だ、こちらへ来いと行者を呼ぶ弥陀の招喚が同時に働いている様を表現している。私たちにはこの二つがどちらも欠けることなく同時に働いている。ナムアミダブツとは、背中を押す釈迦の発遣と、お前を必ず救うぞという弥陀の招喚の願いがひとつになったものである。

私たちの世界、穢土の世界は、相対的な存在の中で生きている。自分という存在を標すために、能力や財産、地位を比べながら生きている。それが相手より上であることだけを生きる喜びとしているのであれば、これほど悲しい人生は無い。浄土の世界は、私がいてあなたがいる絶対的平等なる世界である。つまり、私がいるのは、あなたのお陰ですと相互に作用する世界である。ナムアミダブツひとつでコト足る浄土の世界に、今まさに私は生きている。

無相翁の詩に出遇い、浄土の世界が至る所に働いてくださるものだと思うと、この娑婆で生きることに彩りを深く感じる。今回、若輩者の私に御法話の御縁を頂いた皆様に感謝の念を抱くこともおおきな働きのお陰であろう。

今回の法要会場の和上苑様の玄関先に次の高光大船師の言葉が掲げてあった。

「本当の自分を知るということは、やはり人を鏡としていかねばならない」

木村無相翁を鏡として参集された三十三回忌法要では、お念仏の大切な御縁を頂きました。これを御縁にまたお一人おひとりが鏡となり、お念仏の光を伝えることを願っております。

㈣ 弥陀の名号となえつつ

越前市　真宗出雲路派　長慶寺副住職　泰円澄一法

皆さんようこそお参りくださいました。まず最初にお手をあげてください。木村無相さんと直接お会いした事のある方？（五〜六人ほど挙手）。直接お会いしたことはないけれども、この念仏詩抄や、その他で木村無相さんのお名前を存じ上げている方？（十人ほど）。直接的なきっかけが木村無相さんではないけれど、色々な御縁でこの場にいらっしゃった方？（十五人ほど）。こうしてたくさん方にお参りいただきまして。ありがとうございます。（中略）

私は「この御和讃に」という題の詩（一七九頁）についてお話したいと思います。

冠頭《かんとう》の御和讃に　〝弥陀の名号称えつつ　信心まことにうる人は
憶念の心つねにして　仏恩報ずるおもひあり〟
この御和讃に　ひきずられて　ひきまわされて　み名となえ
み名のいわれを　聞き聞きて　聞こえたまいて　今ここに
おろかなる身と　知らされぬ　み名ただ一つと　知らされぬ
ああ　ナムアミダ　ナムアミダ　ナムアミダブツ　ナムアミダブツ

この詩がいま、私自身に一番しっくりときています。冠頭というのは浄土和讃の冠頭。おそらく今まで一番多く讃嘆した「弥陀成仏のこのかたは」の前にある御和讃をテーマにした詩です。

この念仏詩抄には似た表現の御和讃「還相（三）」（一八二頁）もあります。

弥陀の尊号称えつつ　信楽《しんぎょう》まことにうる人は
憶念《おくねん》の心つねにして　仏恩報ずるおもひあり

尊号　尊号　ナムアミダブツ　念仏往生　信ずるひと
信楽まことに　えたるひと　尊号信ずる　身とならば
やがてはみ名の　身となならん
やがてはみ名の　身と知らば　ナニカニつけて　ナムアミダブツ
憶念の心　つねにして　仏恩嘆ずる　ことならん
仏恩嘆ずる　ことならん　ナムアミダブツ　ナムアミダブツ　ナムアミダブツ　ナムアミダブツ

しかし、この詩は私には眩しすぎます。尊さを見出し、信楽を得られるならば、それはまことに素晴らしいですが、まだ、私はそんなカッコいい境地には到底至れません。口先では調子よい事いえるけれど、私のせいで過去にしんどい思いをされたり嫌な思いをされた方、義理を欠いたまま、のほほんと生きていることは、決して忘れることはできません。今はどこでどんな生活をしておられるか分かりませんが、謝っても謝り足りない。お詫びしても、し足りないという思いは常に持っています。

ただ、その方の幸せを願うしかできず、まだまだ、いろいろなことを引きずる身であります。ですから、正像末和讃をいただく詩よりも、私には次の句も含めた冠頭御和讃をいただいた詩の方が、落ち着きます。

誓願不思議をうたがひて　御名を称する往生は

宮殿《くでん》のうちに五百歳　　むなしくすぐとぞときたまふ。

自分だけで考えられること、自分だけでできることには限りがあることは重々承知しているはずだけど、自分のことだけで精一杯、外に目を向けることを疎かにしてしまう。弥陀たのむより、娑婆をたのんでいるうちに年齢だけいってしまう。私のことだなと思います。

世の中には三つの世界があることも、重々承知しています。一つが自分だけの世界。自分の解釈、自分を主語においた世界。二つ目が自分とつながっている人との世界。面識のある人との世界。誰かを主語に立てた中での自分との世界。三つ目がそれ以外、私と全く関係のない世界。阿弥陀さまの願いが、阿弥陀さん自身が仏に成るだけ、阿弥陀様と縁ある存在だけが仏に成って終わりでなく、みんなが救われにゃ正覚取らぬ。そんな仏の願いに包まれている私であることは頭では分かっているけれど、なかなか、腹の底に落とすことは難しいと自分で決めつけていました。

そんな中で出会ったのが、この『念佛詩抄』と木村無相さんでした。

木村無相さんは、この福井に来る前に東本願寺の守衛さんをされていた。ご本山に参拝に来た人を迎えて見送る。そんな役割をされていたなかで念仏詩抄を著した。ですから、私も今日ぐらいは、ほんの少しだけですが、建物の外を出て、門番はできないまでも駐車場で皆さんの車を誘導し木村無相さんの視点に近く感じてお話ができたらいいなと思いました。

この本はどこを開いてもお念仏があふれています。これから先、何回、私が弥陀成仏の和讃をあげるか、分かりませんが、浄土和讃を讃嘆しているときは、この詩を思い出し、木村無相さんのことを想う事でしょう。それと同時に、この三十三回忌で一緒にお参りしたみなさんや、先輩僧侶の皆様方のことも心の中にしっかりと残ります。

「ひとりじゃないお念仏」私にとってとてもありがたいです。ここに集まった皆さんとのお念仏。お念仏あふれる無相さんを縁とした今日の法会。今一度、みなさんとお念仏の時間を少しとりたいと思います。

〈皆で称名念仏〉

阿弥陀様が木村無相さんの縁をいただいた私の体を通ったお念仏。皆さんの身体を通ったお念仏がこの場に満たされる。本当にありがたい時間です。

藤枝先生等が大切にされていた二十五回忌が勤まったからこそのこの三十三回忌。先輩方が大切にされていたことを、今日一緒に手伝いをした同年代の僧侶と共に大事にしたい。

また、晩年の無相翁の生活を支えていらっしゃったわかたけの職員さんのお手伝いもいただいてこの法会が営まれている。何よりの臨床仏教の実践だとも思っています。

こうして受け継がれるお念仏の場―リレー法話の出講者とは、保育園、お寺の勉強会、出雲路派の親戚など、直接・間接的にいろいろな縁がつながりあった中でのこの法座でした。

無相さんの身は死後献体に回り、姿はないが、無相さんの念仏は残っている。この場にお集まりの皆さんが大事にしていることが受け継がれることを願い、法会が行われる。亡くなるではなく、息を引き取るという表現がふさわしいのではないでしょうか。

お念仏の働きを信じて、これからも歩ませていただきたいものです。

（最後に御文「当流の安心といふは」〈五帖目二十一通〉拝読）

☆リレー法話を拝聴して

越前市　真宗出雲路派 了慶寺住職
藤枝　宏壽

これだけ沢山のご参詣をいただき、無相さんの還相回向のお徳だと感動しております。その中で若手四人の方の『念佛詩抄』リレーご法話をいただきました。というのも実は、今回の三十三回忌は、若手からの提唱と協力申し出がきっかけになったからです。お手持ちの資料にある拙文（24頁）のとおり、「本音の詩を永遠に」するには、若手に頑張ってもらうのが最高だと思い立った次第です。世話人会をはじめ、新聞社、各仏具・法衣店・出版社などからも心温まるご支援をいただき感謝しております。

ただ今の『念佛詩抄』リレー法話を拝聴して、若い方々が無相さんの念仏の詩を新しい感覚で読み取り、味わっていただいていることに感銘を深めました。これでこそ、無相さんの本音の念仏詩が永久に伝わるであろうと、安心したことです。

蛇足ですが、私が深く味わっている無相さんの詩をご紹介します。

　そのままとは
どうにかなれると　おもっていたが　どうにもなれない　わたしでした
そのままとは　どうにもなれない　そのままとはー（『続　念佛詩抄』一二九頁）

無相さんが、念仏のお喚び声ひとつという信境になられた根っこには、「どうにかなれる」と思って長年求道をしたが、「信行ともに落第」……どうにもなれない、その私に「そのまま来いよ」というお念仏の喚び声がかかっているとはなぁ……！という、心底から身をゆさぶる感動が伝わります。「そのままとはー」の「ー」には、言葉では表現できない深い驚き・悦び・安心・落着を感じている次第です。

法話者の皆様、ご参詣の皆様、本日はまことに有り難うございました。

☆《福井新聞「心のしおり」(三月二日付)》

本音の詩は永久に

群萌同人　了慶寺住職　藤枝　宏壽

「無相よ　本音をはけ………　無相よ　本音をはいて………　自分自身の　本音を生きろ―」で始まる木村無相翁の『念佛詩抄』は、日本全国どれほどの人に勇気、希望、安心、喜びを与えてきたか分かりません。発行以来四十数年、私も座右の銘として親しみ、教えられてきました。

無相翁自身は、若いときから不遇な環境の中から仏道を求め、煩悩を断ってさとりを得たいという願に生きられた方で、生涯独身のため様々な苦しみを味わわれました。それだけに人の悲しみ・不安・悩みへの理解は深く、ともに乗り越えていく道を謳《うた》い続けられました。

「生きるんだよ　生きるんだよ　どんなに苦しくても　かなしくても　生きるんだよ　生きるいのちの中ににょらいましします　ひとりじゃないんだよ　ひとりじゃないんだよ　生きるそのことが　にょらいの生―」

この励ましと自信は、無相翁が「若き日に自殺未遂二回」を経験し「自殺しなくて　よかったね　〃いのちは　法のたからなり〃　生きていりゃこそ　法にも遇える　自殺しなくて　よかったね」と、仏法・念仏に救われておられる深い信境から溢れ出て来たものでしょう。

人間、こういう安らぎを得るまでには、苦難の道を歩まねばなりません。無相翁も二十歳ころから五十四歳ころまで真言と念仏の間を三度も往復し苦しまれたといいます。それが善き師に遇われ「やっと出ました　一本道　ナムアミダブツの　一本道　西の空　あかるい」の境地に落着されたのでした。仏法不思議に出遇われたのです。

「弥陀の名号《みょうごう》となえつつ　み名のマコト　いただけば　業煩悩《ごうぼんのう》の　このわれに　涅槃《ねはん》のひかり　さし入りて〝不断煩悩得涅槃《ふだんぼんのうとくねはん》〟〈煩悩を断ぜずして涅槃を得る〉　ひかりに生くる　身とはなる　ああ　この不思議—この不思議」

こうして浄土からの光に生かされるようになると、人間の業・煩悩がよく見えてきます。「もいちど　相手を　見なおしましょう　どれほどすきとおもうても　どれほどきらいとおもうても　死なないひとは　ないのです　もいちど　相手を　見なおしましょう」これはまさに、人知を超えた仏智の視点であります。

三月は進学・就職の時期。若い人達も無相翁の名言に傾聴してほしいもの…。「ナムアミダブツは　羅針盤人生航路の　羅針盤　いつも西方《さいほう》　指している　称えるままが　西の方　ナムアミダブツ　ナムアミダブツ」人生航路に乗り出すには、羅針盤が大切。あなたは何を人生の指針にしますか？　仏に成る—悟りを得ることを最終目標として羅針盤を設定なさいという至言です。

いつ読んでも味わいの尽きないこの『念佛詩抄』について若手の法話会が、来る三月六日午後一時から越前市高木町の第三和上苑で開かれます。無相翁三十三回忌法要の華となるでしょう。

3 感　話

(1) 西宮　真宗大谷派念仏寺住職

土井　紀明

法要世話人の方々のお陰で、無相翁の三十三回忌をこのように盛大に勤めていただき有難く存じております。無相さんに会っておられない方もおありと思いますので、私の思い出を申します。私は昭和四十五年ごろ東本願寺（大谷派本山）の研修道場である同朋会館に勤めておりました。職員寮に住んでいたとき、ある朝玄関を出ようとしたら、後ろで「ナンマンダブ、ナンマンダブ」という声が聞こえる。同朋会館や寮では珍しいことで、振り返ったら鍋をもって台所に向かっているご老人でした。このような方がおられるんだなぁと気にかかっていたら、教師修練の時、富山県の二上さんから「有り難い方がおられる、会ってみないか」と紹介されたのがそのご老人で、木村無相さんでした。それ以後亡くなられるまできわめて厚いご縁をいただきました。

今でこそ無相さんはNHKラジオに出られたりなどして、広く知られるようになっていますが、当時は同朋会館の門衛をしておられ、多くの先生や奉仕団が出入りする中で門衛の無相さんに注意を払う人は非常に少なかったです。ところがご本山で親鸞聖人に真向きなって真剣に聞法をしておられたのがこの無相さんでした。

今日のご法要で感じたことは、無相さんの最後の詩「生き死にの　道はただただ　ナムアミダ　唯称えよの仰せばかりぞ」、ここに無相さんの一生の結論が出ていると思います。「唯称えよの仰せ」は第十八願の「乃至十念　若不生者　不取正覚」の念仏往生の誓い、この仰せに救われたのが無相さんでした。無相さんは多くの苦しみや悲しみを経験されたのですね。早く両親と満州で別れ、北朝鮮の平壌でお茶くみをする、十七才で神戸に帰ってくる、そしてフィリピンに行く。それから高野山で厳しい真言の修行をするなど、まさに苦しい流浪の旅という感じですね。お金もないし、家族もないし、その中で自分の救いの道をひたすら真剣に求めていかれた。

私の家に何度も来られましたが、お風呂に入られず、お茶はいらない水でいいなど、今から思うと他家に迷惑をかけたくないという心配りだったと思います。また母の手料理をことのほか喜ばれました。思えばそれほどに自炊を続ける生活でのわびしさがあったのだろうとしみじみ思われます。

無相さんは「わが名を称えよ」の弥陀の本願に直参されたのですが、金子大榮先生の『本願の宗教』というご本の中に「〈わが名を称えよ〉という喚び声の中にすべてがこもっている。〈わが名を称えよ〉とは、人間の苦しみを本当に知りぬいたお方（阿弥陀）、その涙から出てきた一句である」とあります。それは金子先生のご信心でもありました。無相さんは金子先生と非常に心が通いあったのですね。無相さんがときどき金子先生のお宅を訪ねられると、「無相さんがきた」と玄関に飛び出してこられた。無相さんは「私の言いたいことを本当に分かってくれる人」だと、金子先生は思っておられたと思います。

こうして、木村無相さんは、苦難の人生の中で、念仏ひとつの道、念仏往生を証《あか》していかれたお方でありました。

(2) 石川県　真宗大谷派清琳寺住職

法岡　龍夫

今朝、能登から出てまいりました法岡《のりおか》でございます。今回は加茂先生らのお世話で、若い皆さんが一生懸命お世話して下さっていることを感銘深く拝見しました。

この席で無相さんについて一つ申し上げたいことは、私は昭和五十一年から昭和六十年まで十年間、月に一回、無相さんと歎異抄の御縁に遇うておりました。皆さんは非常に優秀で私は落第生でした。最初の三、四ヶ月はよいのですが、後からになると、かならず問題点を手紙に書いて速達で出しなさいといわれました。いつも遅くなるので、よく叱られました。

先ほど申した一つのことというのは、昭和四十七年の夏頃から非常に無相さんの体調が悪くなったのです。（同朋会館の近くに福島先生という方がおられて、無相さんが山頭火と一週間いっしょに生活したことで、無相さんを福島先生は非常に尊敬しておりました。）私はその福島先生と相談して、無相さんにできるだけ早く入院しなさいと言ったのだけど、なかなか言うことをきかない。四十七年の十二月二十八日のハガキに三行だけ書いてある。「今わたしはどうも胃ガンらしい。………病院は今熊野の京都日赤病院四階の入り口に入院している」

私はその当時、京都の教務所に勤めていたので、天涯孤独の無相さんはガンだと言われてどんなにか心配しておられるだろうと、見舞いにいきました。病院の四階の六人部屋に入っていくと無相さんは座って真宗聖典をよんでいる。私だと気づくと、「法岡、わしはなあ、いよいよガンで死ぬんだと思うて、今真宗聖典を読んでいるんだ。信の巻に『念仏の衆生は横超《おうちょう》の金剛心を窮むるがゆえに臨終一念の夕《ゆうべ》大般涅槃《だいはつねはん》を超証《ちょうしょう》す』とある。ここを読んでいて、私は死ぬのではなく、本土に帰って仏になるんだといただき、非常に有り難いと思っている」といわれました。

それに「龍谷大学の千葉乗隆先生と花田正夫先生から推薦をされて、今『念佛詩抄』の原稿を書いている。夜の十一時から廊下に出て、一生懸命五時まで、懐中電灯に照らされて書いている」との話。「あぁ、無相さん、ガンやからそんな無理したらあかん」といいました。午後八時ごろ帰るというと、一階の正面玄関まで降りてきて、月明かりのもと、ニコニコ顔で、私の姿の見えなくなるまで見送ってもらいました。私は夜の京都を東山通りから烏丸、本山前へと「ふかきみ法《のり》にあいまつる………」と大声で真宗宗歌を歌いながら帰ったことが昨日のように思われます。

やがて『念佛詩抄』が永田文昌堂から出版され、無相さんからサイン入りでいただき、感動しました。今も私の座右の書として音読拝読してお育てをいただいております。

(3) 函館　浄土真宗本願寺派布教使

梶原　佑倖

ナンマンダブ。藤枝先生の御縁をいただきまして木村無相師のご法要にお参りさせていただきました。この度の法要次第を手にいたしまして、我が子長男の名前（一法）が三ヶ所も出ているのにびっくりしました。「(泰圓澄）一法」「(リレ）―（見たのは横書きで　一）法（話）」2回です。二週間ほど前、西本願寺で法話の御縁をいただいて、緊張づくめでしたが、午前五時半、ご本堂への途中の窓ガラスに「(銘品コーナ）―（見たのは横書きで　一）法（輪）」の字が目に飛び込み、あァ子供が迎えに来てくれたなぁと思い、空を見上げたら名残の星が輝いておりました。「夜ぞら深きに星のあり　こころ深きに如来あり　ナムアミダブツと呼びたもう　ナムアミダブツと　呼びたもう」という無相師の詩を思い出しました。

この一法が今日の御縁であります。生きておりましたら四十八歳。二十歳で亡くなりました。私の母方は石川県の出身で、叔母が北海道稚内の南、歌登町の真宗寺院の坊守でした。長男に死なれ地獄のどん底を這いずり回っていた私に、叔母が送ってくれたのが、石川県敷浪明円寺の松扉《しょうひ》哲雄先生のご本でした。私は、福井県と聞くと永平寺しか思い出さないほど道元禅師に傾倒しており、子供の名前は長男の「一法」を始め『正法眼蔵』から全部いただいたくという頑固な人間でした。家代々の浄土真宗を曹洞宗に変えようとさえしていました。

ところが長男の死の苦しみからもがいて、ある禅僧に訴えました。指導は、「梶原君、どうして乗り越えれんのか。修行がたりん」と。そのような状況の中で松扉先生のご本に非常な感銘を受けました。お導きの中で『歎異抄』を繙き、「阿弥陀さま、私は助からないのです、救われないのです、こんなよい子を死なせてしまいました、もうだめなんです……」と言って阿弥陀さまともう格闘！　その時に「弥陀の本願をさまたぐるほどの悪なきゆえに—、必ずお前を救う。どれだけお前が悲苦しようとも、この如来の本願を超えることはありえないのだ」と聞こえて、溢れる涙を流したのでございます。「泣くがよいー　生きたえがたい日は　泣くがよいー」「涙には　涙にやどるほとけあり　そのみほとけを　法蔵という」（無相師）。禅の道、不修貧愚の身には「何としても立ち上がれなかった」。しかし「泣くがよい—」とのお慈悲のみ法に救われたのでした。

その後、『禅から念仏へ』という小冊子を百華苑さんから出していただき、その一冊が明円寺さまから藤枝先生に届けられましての御縁であります。お手紙、電話、ファックスなどのご指導をいただいております。

先月の西本願寺での布教の折も、このような木村無相師の詩を沢山ご紹介させていただきました。たとえば、私の地元の新聞に「百八つの煩悩なけれどしみじみとわれに響くよ大つごもりの鐘」という歌が載っていましたが、「百八つの煩悩なけれど」とは、この作者には煩悩の自覚がありません。私たちは煩悩のかたまり（凡夫）であるからこそ、阿弥陀さまに救われていかねばならないのです。無相師も「オジュズ」という詩に「八万四千のジュズの珠　それをつらぬくジュズの糸　八万四千のぼんのうの　それをつらぬくナムアミダ　ジュズを手にしてはずかしや　ジュズを手にしてありがたや　ナムアミダブツ　ナムアミダブツ　ナムアミダブツ　ナムアミダブツ」と詩《うた》っておられます。

今日は、こういう無相師の念仏詩に遇わせていただいた御礼にお参りさせていただいたことでございます。ありがとうございました。

(4) 長浜　真宗大谷派願超寺住職

橘　善證

無相さまの念仏詩抄との出会いは花田正夫先生の慈光誌を通してだと思います。ある日、中日新聞に花田正夫先生のお言葉「わたしはご本願を喜んでおります」と。わたしは『ここに本物の仏者がおられる』と感激し、すぐに名古屋の「一道会」（鬼頭さま宅）のご縁を頂きました。なお、ご著書「歎異抄」にも、題名の傍らに―わが身読記―とあり、先生の仏教への態度がはっきり打ち出されています。先生は毎月慈光誌を編集発行され、遠近のよろこび者へ送付されていました。無相さまの詩が掲載されておりましたし、無相さまの追悼号もだされました。諸先生が無相さまを不世出の念仏者として称賛されています。わたしはこうしたご縁により、念仏詩抄三巻を手元において感動させていただいております。初巻は昭和四十八年十月十六日のことで、三十才になる数ヶ月前のことでした。といいますのは「念仏詩抄」の裏表紙にメモ書きをしていました。『我この本を手にして、心洗われ歓喜し、一日手放せず、人（母だったであろう）にまで声をして読んだ。我のもっとも好きな人がここにいてくださったというよろこび＝」と。

(5) 福井県池田町　真宗誠照寺派誠徳寺前住職

加茂　淳光

ナンマンダブツ。

「生き死にの道はただ唯ナムアミダ　唯称えよの仰せばかりぞ」

林病院で亡くなる三日前ですが「生き死にの道はただ唯ナムアミダ」そして「称えられなくても　仰せばかりでたくさん。称えよの仰せがかかっているのが念仏の行じゃ」これが無相さんの死の三日前に書かれた字で、私の宝として大切にしています。

称えよの仰せがかかっているのです。称える、称えんは、我々の力ではない。ただナンマンダブ、ナンマンダブです。

今日はみなさん大勢集まっていただきまして、ありがとうございました。

私はもう年寄りですが、無相さんの身元保証人としてうれしく思います。

では、最後の恩徳讃を唱和いたしましょう。

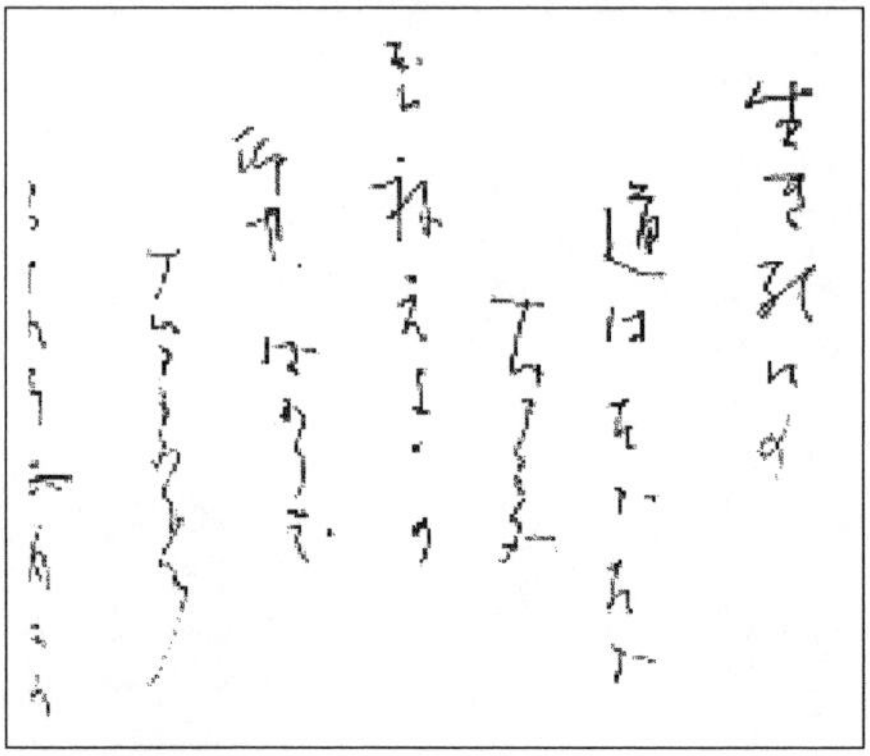

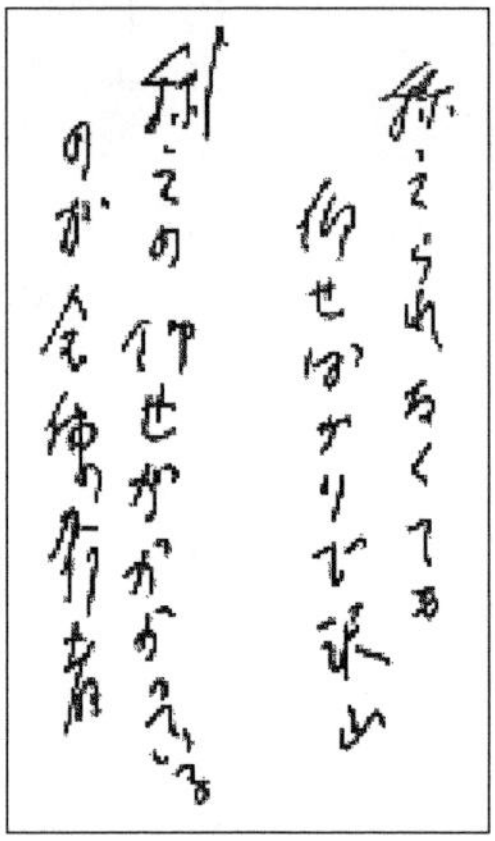

4 アンケートの結果

法要の五日後、参加者全員にハガキを出し、アンケートをしました。その結果七〇人（平均年齢六六・一歳、男女半々）から次のような回答がありました。

① 三月六日の無相忌をどうして知りましたか。

ア 案内をもらった　39　**イ** 友人から聞いた　10

ウ 新聞でみた　23　**エ** ネットで見た　4

オ その他　10（東別院などで）

② 法要に参詣してよかったですか。

ア たいへんよかった　49　**イ** よかった　21

ウ わからない　2　**エ** 悪かった　1

③ 特によかったものに◎、よかったものに○をつけてください。（◎は2として集計）

ア おつとめ　22　**イ** ＤＶＤ　51

ウ 法話　62　**エ** 感話　48

オ その他　4（接待、法要、雰囲気、無相翁の手紙）

5 アンケートはがき　コメント（到着順　全員の文）

1 南無阿弥陀仏。身元引受人として法要を勤めて頂き誠に有難い。今や、慶称院釋無相師も今やおそしと待っていられるでしょう。「汝一心正念直来。我よく汝をまもらん」と。ありがとう。おかげさまです。

（加茂淳光）

2 ありがとうございました。木村無相翁のお名前を以前より知っていましたが、越前市とのご縁を今回知りました。

（上木純子）

3 無相さんを始め、源左さん、才市さん等の妙好人と言われる人達も、念仏の味わいが喜べるまでは、長い間の聴聞を通じた求道がある事を感じます。

（山形定次）

4 拙著「喪失の時代の詩人たち」の中に、山頭火と木村無相さんの写真、百ヶ日法要の写真が入っています。竹部勝之進、をさはるみ、両氏の出版記念に、米沢、三上さんと共に出席して下さいました。

（千葉晃弘）

5 おつとめが訓読で、堅苦しさを感じないで集中出来ました。ＤＶＤも無相さんを身近に感じ、お人柄が親しみやすく、み教えがわかりやすかったです。感話も懐かしさを感じさせていただき、念仏に生き切られたお方だと思います。「本音をはけ」とは如来にすっかりおまかせして、おおらかに生きることだと思います。南無阿弥陀仏。大勢のお集りは、同じ心にさせていただけたと感じ、大きなお力をいただけました。ありがとうございました。

（七〇歳代　女性）

6 法話はとてもありがたく聞かせていただきました。機会がありましたら、ぜひまた聞きたいと思います。

本当にありがとうございました。
（九〇歳代　女性）

7　土井先生の御著書より木村無相さんの存在を知りました。そして藤枝先生にお電話をして三十三回忌を知りました。大きな節目にご縁を頂いた事は、きっと無相さんの還相回向のお働きが私の元まで届いたのだと思います。本当に天候にも恵まれ、ここにも阿弥陀様のお慈悲を感じることが出来ました。
（杉田時江）

8　念仏唯一行、本願に遇われた事を、自身の生涯を懸けて証した方が無相さんであったと聞かせて頂きました。何一つ間に合わぬ現実に対峙した時、寄り添って下さるのはただ念仏のみと体解いたします。選択本願のただ念仏に救われ、如来の大悲を讃えて往かれた念仏詩抄、繰り返し拝読いたします。南無阿弥陀仏。
（瀧野広大）

9　大勢の参詣者に驚きました。無相さまが三十三忌になってもなお多くの人々の心をひきつけ、感化を及ぼしている事は、まさに無相様は還相の菩薩であったと思いました。梶原様の感話に感動しました。梶原様が道元禅師に心を寄せられていた事。またお子様を亡くされ、それをご縁にお念仏の教えに帰せられた事、梶原様の心豊かな心情とお人柄がしのばれました。
（七〇歳代　男性）

10　知らぬ間に老年、八十才近くになり恥ずかしく、仏法を聞き、お念仏の大切さ、深みのある南無阿弥陀仏の御言葉が私達にとって生命ある限り大切だ、お参りしなくてはと、心に刻み、いただきました。お話いただいたお一人お一人の思いを聞かせて頂き、無駄にしてはならないと聞きいりました。無学で、今日の事、明日は忘れる情けない私ですが、三月六日のお話、とても良かったです。すがすがしい気持で帰りました。身体も楽になりました。有りがとうございました。
（齊藤チヨ子）

11　ＤＶＤ、無相さんの生涯の歩みを知るのによかった。／若い方々が無相さんの『念佛詩抄』を拝読しな

がら法話をしたのがよかったです。　　　　　　　　　　　　　　　　　　　　　　　（法岡龍夫）

12　若僧さん方に新鮮さなし。詩の説明、教義の説明では………。　　　　　　　（助田篤郎）

13　無相翁と共に過ごされた方々の直接のお話は大変貴重な体験やエピソードであり、無相翁の人柄や生活の一部を実感でき、より一層味わうことができました。ありがとうございました。（北畑康彦）

14　無相さんの詩「うちあけばなし」に関して。ボクもアミダ仏さまから個人的にうちあけばなしをしてもらったので、この詩はよく分かります。ひそかにアミダさまには感謝しておりまして、ゆくゆくは浄土の花ムコにしてもらおうと期しています。そんなことになったら無相さんも花ムコさん。ボクも花ムコさん。二人の花ムコさんがいて、アミダさまは困られますかネ。そんなことにはならないと思いますが………。（六〇歳代　男性）

15　木村無相師三十三回忌法要に参列して、私個人にとって最大の収穫は、無相文庫の中に、「吉田絃二郎全集」を見出したことです。アッと息を飲みました。……そして大きく頷きました。無相翁との距離がまたグッと縮まるのを感じました。（六〇歳代　男性）

16　浄土真宗各派の先生方がご参加されたのが感動的でした。お念仏には宗派のカキネを問題とせず、「ただ念仏」のみまことです。無相翁の御徳で各派がおまいり下さったのには頭が下がります。若い御住職方が念仏一つで新しい方向を切り開かれる予感がしております。ナムアミダ。（六〇歳代　男性）

17　私が無相忌に出席した目的は、木村無相翁の教えを少しでも学びたいと思ったからです。念仏、信心をお話する人が少なかったです。その点もの足りない法要でした。しかし、温かい雰囲気があり、出席してよかったと思います。お供えを戴き、有難うございました。（七〇歳代　男性）

18　生きる　生きてることに気付く　ナムアミダブツ　が我々はでない思っても　詩として残すことが出来

ないかと　思っています
（八〇歳代　男性）

19　若いころ〝蟬が鳴いている………〟の詩に出会い感動して子どもに紹介したことを思い出しました。福井に深いご縁のあったお方と知り、一層味わい深くいただいております。今まで六十五年以上もの間、意味不明のままいただいていました「正信偈」　当日初めて心にしみ入り、一心に読経しておりました。当日はよいご縁をいただきましてありがとうございました。
（七〇歳代　女性）

20　直接無相翁とふれあわれた方々のお話し興味深かったです。また若いお坊さんの法話が新鮮でした。念仏詩抄、絶版状態だったのを増刷していただいて手にすることが出来ました。遠くからの方や、多くの方々のお参りに感心しました。
（六〇歳代　男性）

21　先日は新聞で知り、無相さんのお話が聞きたくて伺いました。ご法要という意識があまりなくて、普段着で参加し、場違いで申し訳なく、途中で退出させて頂きました。（リレー法話で話された）無相さんのわかりやすい詩を通して『信心してみりゃよくわかる』われは………我はとご法要のその時でさえ思っている自分に気づかされ、恥ずかしく、皆様に失礼をしたと、退出した次第です。無相さんの詩のご縁で、また自分を見直し、煩悩を離れられない凡夫の自分を思うよい機会となりました。ありがとうございました。いろいろ申し訳ありませんでした。お世話様でした。
（六〇歳代　女性）

22　○書下し文のお経は初めてなので感動、よく分かりました。○DVDは座席が後部だったので見えにくかった。○若い僧侶がそれぞれ法話をされたが、最後の人を除いて座ってされたので、少し分かりづらいところもありましたが、若い人でもしきりにメモをとっている方もあり、浄土真宗も大丈夫だと感じました。
（七〇歳代　男性）

23　たくさんのお参りにビックリしました。
（六〇歳代　男性）

24　この数年、一回り以上の知人に誘われて近県を含めた寺院などへ法話のご聴聞に出かけております。その時々には、納得するのですが、すぐに自我など出てしまい後悔の日々です。今回の無相さまの生まれ育った、私には想像もできない状況で、こんなにすごく生きてこられた事に感動の一言です。少しでも聴聞を重ね、仏様の教えを身につけて行きたいと思う日々であります。合掌、ナモアミダブツ。

（六〇歳代　女性）

25　木村無相翁の三十三回忌の法要に会えた事にとてもありがたく感謝でいっぱいです。木村無相様のDVDを鑑賞させていただき大変ご苦労があった生涯を送られ、人の悲しみや苦しみ、悩みがわかり、念仏詩抄が詩われ、ときどきこのすばらしい念仏詩を詩いながら生活をしていきたいと思います。法話に会えた事に感謝申し上げます。

（七〇歳代　女性）

26　法要に参加して木村無相翁の生き方に深く感銘をいたしました。帰宅後、頂きました「念仏詩抄」を拝読し、改めてその内容に深く感銘をいたしました。今後、詩抄をくり返し読み味わい、生きる指針にいたしたいと思います。

（六〇歳代　男性）

27　三十三回忌、ありがとうございました。大変でしたね。感謝。無相さまの詩をのこしましょう。伝えましょう。

（七〇歳代　男性）

28　お文2―3通に、「平生の時、一念往生治定の上の仏恩報尽の多念の称名とならうところなり。しかれば、祖師聖人御相伝一流の肝要は唯この信心一つに限れり。之を知らざるをもって他門とし、これを知れるをもって真宗のしるしとす。これをもって真宗の信心をえたる行者のふるまひの正本となづくべき所件（くだん）のごとし」／極楽浄土は此れしか無いと導かれ、ねても覚めても思い出されて書かれた詩抄だと思います。この思いを後世に残したい一心に報謝の念仏に勤められ、一人でも多くの方に無の相に合は

れる事を祈っておられると思います。（玉村　明）

29　多くの方のご参詣でありましたのも無相師のお徳ゆえかと尊く思いました。また御地に根づいた真宗の底の深さを有難く拝しました。準備等ご苦労様でした。（梶原佑倖）

30　ご縁に感謝しています。おつとめは普通の正信偈か阿弥陀経がありがたかったかと思いました。皆様の仏教の布教に感謝します。これからも他力本願のありがたさをより一層おひろめください。合掌。（下村義孝）

31　沢山の方々がお参りで驚きました。本当に良かったです。（佐々木和雄）

32　沢山参詣されて無相さんのお念仏の広がっている事に嬉しく有難いことでした。並々ならぬお世話有難度うございました。（加茂しのぶ）

33　法話がとても良かったです。またこういったご縁におさそい下さいますよう、よろしく御願い致します。（七〇歳代　女性）

34　お説教や亡き父たちの話の中で、木村無相さんの話をよく聞きました。それなのに、私は一度もお目にかかったことがありませんでした。家にも来られた事があったそうです。今回の藤枝住職さまの「心のしおり」で三十三回忌法要の事を知り、お参りさせて頂きました。無相さんの事がほんの少しでもわかりありがたかったです。（六〇歳代　女性）

35　無相さんに会ったこともない人が、三十三年経っても、これだけ参拝するなんて、あらためてすごいなあと感心しました。お世話ありがとうございました。（六〇歳代　男性）

36　唯、念仏を申しなさいと聴かせていただいたのですが、拒否反応を示す南無阿弥陀仏。合点がゆかぬ、できませぬ。本音と建前が立ちはだかって素直になれない自分を見てしまうのです。虚しいかな……。

37 ○無相翁のご遺徳の魅力と世話人会方々のご努力が相まって、多数のおまいりのもと、盛大な三十三回忌におまいりさせて戴き深く感謝して居ります。○法要の次第がバライティーに富み、楽しくお参りさせて戴きました。ナムアミダブツ。

（七〇歳代　女性）

38 ○日曜学校の六年間の間に、太子園を訪問して無相さんらにお会いしていたのですが、このようにすばらしい念仏詩人だとは知りませんでした。（無相さんと中川君とがペアになり文通していたようです。）○駐車場の誘導で、広い所と思ったのに、またたく間に満車になり、先車の前に後車をつけてもらうほど大勢の方のお参り。無相さんの偉大さにびっくりしました。

（七〇歳代　男性）

39 沢山の方々が御参加下さり有難く存じました。無相さんもおよろこびであったと確信します。こちら側でみんなで合掌、南無阿弥陀仏と申す。向こう側から無相さんが合掌、南無阿弥陀仏と称えておられるお相が眼にみえるような気がいたしました。お懐かしく、お懐かしく思いつつと言いながら、拝む方を拝まれる無相さんのお相を拝むのです。素晴らしい法要でした。お世話下さいました皆様に衷心より御礼申し上げます。ありがとうございました。南無阿弥陀仏。

（千秋越裕）

40 木村無相翁の三十三回忌法要に御招待いただき、尊いご縁にあわせて頂きました事、本当に有難く感謝でいっぱいでございます。特に若手四人のリレー法話は印象にのこりました。「念仏詩抄」をいただき、拝読しながら木村無相翁の偉大さを感じております。

（七〇歳代　女性）

41 ありがとうございました。念佛詩抄を座右に置き教えていただきます。

（長田江見子）

42 時間の関係もあると思いましたが、ＤＶＤを最後まで視聴したかったです。

（内田安雄）

43 法話については、何ともいえないというのが率直な感想です。若い人がやるのはいいのですが、私とし

（五〇歳代　男性）

てはやはり直に教えをうけた人の話をもっとききたいと思いました。次の機会があればそういった点も加味していただけるとありがたいです。南無阿弥陀仏。合掌。（嶋田賢晃）

44 すばらしい法要になってよかったです。念仏は易行といわれますが、無相さんのように紆余曲折の中でつかみとられたものと知らされました。私の心のむずかしさですね。（七〇歳代　男性）

45 三十三回忌のご縁に会えたよろこびは、おまいりさせていただいて一層深いものになりました。一人の素朴な念仏者を、多くの人が翁の念仏詩を通して、生き方を通して、讃仰の思いで集まられた重みに感動しました。世話人さまには、さまざまな努力を惜しまれず、しかもこの無相翁を顕彰する機縁をこれからも大切に育てたいと思われる力強いお心もちが、強く伝わってまいりました。ありがたいことだと思います。生きたご法要でありましたし、命の通ったご法要であったことは、希有のご縁であったと思いました。心よりおみのりのお力をありがたく感じさせていただきました。（壬生佐久子）

46 若い人を育てようとする雰囲気。さらに徐々にすすむ感話の流れに、年齢の深みを感じました。身寄りがあっても満足な法要がつとまらない今日、むしろ、血縁より仏縁の法要。それも特別な人の手に依るわけでなく。希望です。（佐々木祐子）

47 常々無相さんのことを話していらっしゃった助田茂蔵さんとのご縁から、今回初めて出席させて頂き、企画、準備し、お世話して下さった先生方に感謝しております。早速のアンケートに感心いたしましたが、まだ無相さんに触れたばかりですので、書けそうにもありません。今回『念仏詩抄』を通読して、私が惹かれた詩は、「生きろ」「雪がふる」「ご縁」などです。失礼、お許しください。（七〇歳代　女性）

48 木村無相翁の事、仏法の事にも何も解らずに、新聞記事が目に止まり、リレー法話って？と思い、一度拝聴させて頂こうと参拝させて頂きました。心静かに手を合わせられる時間を大切に日々充実した生活が

送れる様。（六〇歳代　女性）

49 肉親とは縁の薄かった無相さんが、ご法縁によって大勢の方々のお力添えにより、三十三回忌の法要が執り行われ、私も参詣できました事を有り難く思っております。（六〇歳代　女性）

50 知らぬ間に、立派な念仏者が身辺におられたことを知り驚きました。また文才の長けたお方であったと感じ入りました。若い四人の法話は、無相翁の心をよく解説していただき、わが身の無信を反省致しました。（七〇歳代　女性）

51 『念佛詩抄』を早速2部お送りいただき、ありがとうございました。木村無相翁の作品集は書店でも見当たらず、一度読みたいと思っていました。三十三回忌法要は大変なことです。引き続き後に続く人達によって、引きついで下さるよう念じています。（吉田長幸）

52 八〇歳代半ばとなって、念仏を称えられることがやっとわかりました（今頃ですが）。人生、うれしい時、悲しい時、困った時、最後はお念仏よりほかにないと思って、一日々々を過ごさせて頂いています。ありがとうございました。合掌。（八〇歳代　女性）

53 木村無相翁の盛大なる法要に参詣させて頂き、ありがとうございました。無相様の息づかいがすぐ傍で聞こえるような不思議な感覚の法要でございました。南無阿弥陀仏、南無阿弥陀仏。（秋田久美子）

54 法要に参加させて頂き誠に有難うございました。今も生きて働いて下される木村無相翁に直にお会いできたような思いになれた法要にて、とても有り難く嬉しく思いました。常に念仏中心の生活をされているのが分かり感激でした。詩抄を拝読していると（私の）阿弥陀様の大悲に打たれ、自然と南無阿弥陀仏が出て下さいます。無相翁のＤＶＤを流していただきましたが、もっと拝見できたらもっと良かったなぁと思いました。皆さんが念仏繁盛のお一人お一人と、真宗がもっと広まってくださったらと心より念じさせて頂きました。
（西岡豊子）

55 今回の御縁で初めて木村無相先生の事をしり、法要の中でも無相先生の『念佛詩抄』のお味わいをお聞きし、一生涯かけて真実の仏法に向かっていかれたのだなと感じさせていただきました。また、福井の地で色々なご縁を通して、今回私も少しでも御縁に触れさせて頂いたことを嬉しく思います。『念佛詩抄』を拝読し、無相先生の御心と仏様の御心を感じさせて頂きたいと思います。
（西岡孝純）

56 法要に参らせていただいて、『念佛詩抄』を頂いて、無相さんが、こんなにも沢山の詩をお作りになっていたとは知りませんでした。これを御縁といたしまして、じっくり無相さんの詩抄を味わわせて頂きます。亡くなられて三十三年もたってからすばらしい法要が出来ることは無相さんの高いお徳と、お世話方のお力だと思います。福井の妙好人とあがめたい無相様です。
（八〇歳代　男性）

57 無相さんの念仏詩に初めて出あった時の感激を思いださせていただきました。有難うございました。
（六〇歳代　男性）

58 念仏を称えられないという思いがありましたが、それがとても思い上がりだったと知らされました。
（六〇歳代　女性）

59 盛大な法要に参加できたことをうれしく感じております。
（三〇歳代　男性）

60 八年前の二十五回忌に引き続き、今度の三十三回忌にも参加させていただき、余りにも盛大に立派な法要でしたので、大変ありがたく感じました。また、若手四人のリレー法話も、分かりやすく聞きやすかったです。天候にも恵まれ、総数百四十余人もの方々がお参りされたことに感動しました。
（七〇歳代　女性）

61 ＊お世話、ありがとうございました。ご苦労様でございました。＊法話が、若い方ばかりでなくてもよいように思われました。お一人でもいいのではないでしょうか。感話の時、若い方を本当に応援されている先輩の方々の言葉が、とても嬉しく思いました。＊法要参加者全員の名前を掲載するとありましたが、何故でしょうか?別に必要だと思いませんが。法要にお参りして、自分も同じ喜びを味わわせてもらえれば、それでいいのですが。

（五〇歳代　女性）

62 『念佛詩抄』を読んで、木村無相翁様の妙好人の生き方そのものを感じられました。又、木村様を良く知っておられる方々からエピソードをもっと聞かせて欲しかった。無相という名は本名ではないはず。何故、無相と名乗ったか?幼名、本名はどうだったか?

（山崎宜久）

〈編者注＝木村無相翁は明治三十七年二月二十日、熊本県に生まれる。本名は勝雄。木村は母方の姓。父は吉田姓。〉

63 「ああ　生きることのむづかしさ　生きることのありがたさ」　良いと思っても、逆にとられたりすれば、なんとむずかしい事であろうか、残念に思う。我々の若い時は、何事も教えてもらうと受取り、ありがたいと思った。しかし今は違う。この胸のつかえをおさめるのにナムアミダブ、ナムアミダブと何回もとなえているうちに、胸もおさまり、手を合わせ、ナムアミダブ、ナムアミダブ………と。後には感謝にかわっていきます。有難うでございます。

（村田冨美子）

64 式次第、進行が時間通り、しかも構成が大変良かったと思う。ともすれば重苦しく退屈だったりすることがあるが、それは感じられなく、スムースに進んだと思う。無相さんという人は、名前とか法話（土井先生）で聞いたりしていたが、真の人物は殆ど知らなかった。この度理解でき、素晴らしいと思った。

（光岡美紀子）

65 大変遅くなりましたが、申し訳ありません。先日の無相忌の際にはありがとうございました。我が家も含めてですが、若い人のお参りが少なかったと感じました。親鸞様や蓮如さんは門徒に何を伝えたかったかを、老若みんなで味わいたいものです。（山田博英）

66 法要を通して無相さんを知った事。無相さんを知り『念佛詩抄』を知った事。『念佛詩抄』についていろいろな方のとらえ方が聞けた事。そして私の詩抄の法話を聞いての感想は、無相さまはもう仏様になっておられると思った。己を知りつくし仏様の前にさらけ出して、仏様に救っていただいている。仏様との二人旅。激しいバトルを己に課せながらの……。感じさせていただくものが一杯でした。（玉村早苗）

67 アンケート大変おそくなり、申し訳けございませんでした。仏教の大事さを二、三年前から知りました。日々いろんな事が出来、湧く葛藤の毎日。法要でいいお話を聞かせていただきました。仏教の心に少しでも近づきたいものです。今度、法話、感話、お説教などありましたら、参加させて下さいませ。よろしくお願いします。ナムアミダブツ。（中浜好美）

68 無相さんのことは全く存じませんでしたが、新聞の記事や「心のしおり」を読んで、行ってみたい！と思っていました。たくさんの方がお参りになられていてびっくりしました。いただいた詩抄をバックにいれて持ち歩いたり、家で時折読ませていただいています。最初の無相よ〜還相まで、仏縁に会った喜びを生きた無相さんは、還相の仏様になられたと思います。良きご縁をいただき有難うございました。

（六〇歳代　女性）

6 無相翁の追憶

わかたけ共済理事長　真宗出雲路派正行寺住職　白藤　昭武

木村無相翁の三十三回忌が第3和上苑に於いて加茂さんの導師による厳粛で荘厳な勤行により開始されました。

私は無相翁が十一年間生活されました身近な所の施設、太子園・和上苑で管理者をしておりました白藤です。当日は残念ながら檀家の葬儀があり欠席いたしましたが、世話人会の藤枝様より後送していただいたCDを聞かせていただき安野様の司会で進行されましたが、当日は何人位の方が参詣されるか全く見当がつかないので、その準備をどうするか前日の課題でありましたが、職員の報告により一二〇名余りの方が、遠くは北海道や西宮からも参詣されたと聞き、正に無相翁の法縁の深遠さを知った次第です。又、無相翁壮健な時、よく法談された法岡様、土井様の名が名簿に記載されており、惜しく感じられました。

もう遷化されたと聞いておりますが川崎市の岩崎成章様は、毎月定期的に訪問され、飛行機及び車を乗り継いで二、三時間法談して帰られた姿が、昨日の様に感じられました。又、無相翁のご縁によりまして金子大栄先生をはじめ、千葉乗隆先生その他真宗の重鎮で、高僧の諸先生にお会いできました事は、念仏を深めるご縁と施設に勤務したことで味わう至福の時であったと想い出されます。

金子先生には〝以和為貴〟の揮毫や半切で、南無阿弥陀仏、なむあみだぶつ、南無阿弥陀仏、なむあみだぶつ、ナムアミダブツをいただきました。

一方、無相翁は、教化はなるべく簡単に平易に表現しなさい、難解な表現は極力辞めた方が良いと言われました事が記憶に残っています。

ただそれは無相翁のように領解された方は表現できうるが一般的には至極実践が困難な事ではないかと思います。無相翁の〝念仏詩抄〟の中で、

わたしの信心　雪だるま

オテントさま出りゃ　すぐとける

オテントさまが　ご信心─

私の身はご飯を食べねば腹がすくし、風呂に入らねば垢がたまる肉体なのです。ですから毎日多忙であれば仏法のことなどどこかにいってしまい、愛欲の広海に沈没して、よその子供より自分の子供が可愛い。お念仏を悦ぶ身でありながら泣いているよその子を見れば、よく泣く子じゃなぁ、うるさいと思うし、反対に自分の子供が泣いていれば、元気の良い子の泣き声じゃとか、ひょっとして誰かが泣かせたのだろうとよその子をにくむ。同じ泣き声を聞いても自分の子供と、よその子供とでは我が身の対応が違ってくる。

我執、我愛の殻から離れられない我が身、そこから出てくる我が信心。

オテントさまと称している如来は信心の智慧と言っております。信心というのは真実の智慧という事で、それは言い変えれば広大無辺な仏智、仏の智慧で、その智慧が私に与えられるので信心は仏の智慧であります。

「憶念弥陀仏本願　自然即時入必定、唯能常称如来号、応報大悲弘誓恩」と正信偈にあり、「信心をば、まことのこころとよむうえは、凡夫の迷心にあらず（凡夫の心は皆迷い心。その迷い心ではないのだ）まったく仏心なり、この仏心を凡夫にさずけしめたもうとき信心とはいはるるなり」と覚如上人の『最要鈔』にあります。これが信心の智慧、念仏申す身になると仏の智慧が私に与えられるのです。それがオテントさま・如来の他力廻向の信心なのです。

さて無相翁が亡くなられて三十三年経過して、当時十一年間太子園・和上苑で勤務していた当時の職員も漸次減少しているが、無相さんについてコメントしてもらいましたので記載いたします。

☆グレースフルわかたけ管理者

中野　信子

私は昭和五十年九月養護老人ホーム太子園に寮母として就職し、無相さんとは太子園から和上苑にわたって八年半程、関わらせて戴きました。太子園で思い出す無相さんの容姿は、元気な時の姿が濃いです。県内は勿論、県外からも無相さんを慕う学生さんや大勢の方々が話を聞きに来られました。御自分の意見を頑として曲げない気難しい一面もありましたが、思い出す事は、太縁目がねの奥のニコニコ笑顔に、山ほどの太マジック（幾つもの空箱に落書きや畳を汚した跡）と補聴器、何処に行くにもキャンプ用の小さな折りたたみ椅子を持ち歩き、夏はクレープシャツにステテコとうちわ、冬は綿入りドテラとモモヒキに火鉢という〝ゆるキャラ〟的な姿と、出かける時は開襟シャツに扇子でビシッと決めたビジネスマン（正装）的な格好つけた姿というギャップがありました。

勇壮な姿は、太子園の運動会の仮装大会の時、企画の段階から大乗り気で参加して、浦島太郎の乙姫様に名乗り出て、当日は笑顔で、私達が作った衣装をまとい化粧をして、嬉しそうに運動場を披露しながら歩き廻る姿は、そ

れこそ今で言うマツコ・デラックスの様な自信に満ちた乙姫様でした。

弱い部分を見せた姿は、林病院に何度か入退院を繰り返した際に、私の家族が車で何度か病院に送迎した事があった際に、小さい娘達を撫でながら「胸に溜まった水を小水として出す注射をされると、昼夜問わずベッドで寝ていると二時間おきにトイレに行かなければならんのが、とても辛て……」と弱音を吐かれた時でした。

どの姿も、私の心に残っている無相さんの思い出です。

☆介護老人福祉施設第二和上苑管理者

三田村清美

・和上苑にて夜見回りの際には「御苦労様」とよくチョコレートをもらいました。
・色々思いつくとマジックでまわりにある紙切れやシーツ、枕カバーなどに書きとめていた。
・冬になると黒のマントを身につけて出かけていた。
・いろいろなお客様が無相氏をたずねて来られていた。
・荷物をたくさん持っておられ片づけが大変であった。
・昔は平和堂の地下にある食料品売り場まる万でよく買い物されていた。
・夜は遅くまで枕元の電気をつけ書き物をされていた。

☆介護老人福祉施設　和上苑管理者

吉田　和美

背が高く、いつも挨拶をすると丁寧にあいさつをして下さり、いつも片手に本を持たれておられたことと、偉い方の訪問があったことを覚えています。

☆フォーユーエクセル　特定施設管理者

岩崎　静恵

十二月三十日ごろより体調が思わしくなく、入院された方が良いと勧めるも拒否され、ここで良いとの事で、当時の看護師の説得にも応じられませんでした。

一月二日、看護師より、一緒に説得して欲しいとの事で、呼吸も相当苦しい状態でしたので、林病院への入院に応じて下さいました。次の日に伺ったとき、楽しそうにしておられ、持ってきてほしい物を言われたのですが、ノートだったかと思いますが身体的には、呼吸は楽そうにされていたので、勧めてよかったと思ったのですが、亡くなられた後、あのまま和上苑におられた方が良かったのではなかったかと悩みました。木村様にとって最後の場所が病院で良かったのでしょうか。

☆高齢者通所介護施設　いろり管理者

加藤　禮子

短い期間でしたが、看護師として関わらせて頂きました。健康面にとっても気を使われていた方で、病気に対する知識も私が教えて頂く程、深くよく御存じだった事が、思い出されます。

体調が少しおかしいと医務室まで直接来られて血圧測定を希望され、上司と談笑される事もありました。全国から次々と来客があったり、県外へ外出されたりと、とてもお忙しい方だったと思います。室におられる時は本を読まれたり、書き物をされたり、静かな時間を過ごされておりました。

☆元介護老人福祉施設管理者

清水スミ子

木村無相様とのご縁は、和上苑で勤務させていただいている時でした。

和上苑が昭和五十四年に開設され、無相様がいつから太子園から和上苑に来られたかは不明ですが、理事長から「太子園と和上苑を行き来しながら過ごされるようになる」と言われ、和上苑の二階の四人部屋（それぞれ仕切りカーテンがある）で、過ごされるようになりました。

無相様は白髪で背が高くて、姿勢が良く、他の入居者とは違った独特の雰囲気がありました。

和上苑では和装の着物姿でおられ、外出時にはコートを着られ、寒がりで厚着をされていたのが思い出されます。

日中は部屋で過ごされることは少なく、外出をされたり、来客の応対などで過ごされていた。開設当初の和上苑には、二階に和室が有り、県内・外からの来客には、その部屋で対応されておられた。

無相様の思いの中で印象に残っているのが、夕方になると部屋に戻られ、夜は遅くまで、ベッド枕元の電気をつけて、いつも何か文章を書かれているか、本を読まれていた。

他の利用者とは異なり、身の回りの事はご自分でされておられたので、特に介護上でのお世話はなく、夜間の見守りやお部屋の掃除が主だった。

常にご自分の世界が有り、介護職や利用者を含めて誰とでも係わることは無かったが、爪切りは一人の介護職のみに固定され、ご自身から「爪を切ってほしい」と希望される等のこだわりが見られました。

介護職などを寄せ付けないような雰囲気がある反面、外出されるとお土産に「市販の3~4倍はあるように思えた『巾着のような形の具がいっぱい入ったジャンボいなり寿司』や、県外からの珍しい菓子等」を職員に下さり、職員への思いやりも感じられた。その「ジャンボいなり寿司」が、今でも脳裏に浮かびます。

前回の二十五回忌、今回の三十三回忌の法要に参加させていただき、改めて偉大な方にかかわらせていただけたことに感謝するとともに、当時関わらせていただいた時の思いがよみがえって懐かしく感じました。ありがとうございました。

☆元介護老人福祉施設相談員

喜村　和子

四十年前の思い出、いつも着物姿に本を持って笑顔でいる無相さんが浮かびます。当時はとても偉い人とは思わずに接していました。その為、自然に無相さんと言ってしまいます。

印象に残っていることのひとつに、職員と利用者との話し合い場（懇談会）の時、「園での生活の場は自分たちの場だから」と言い、自治会の必要性を言われ、各班で代表者を決めたと思います。でも無相さんの様な考えの方はあまり居らず、長く続く事はなかったです。でも行事には積極的に参加されていたと思います。写真を見ると楽しい表情の無相さんが見られます。事がない時は、部屋に居ることが多く、読書をしているか、手紙を書いていました。事務所のカウンターの玄関側に箱を設け、郵便屋さんに持って行ってもらうようにしていました。部屋を出る時は、常に本を持ち歩いており、集会場に居た時は日の当たる場所で本を読んでいたと思います。生活面では、苦手というか嫌なのかは分かりませんが、部屋の掃除はあまりしておらず、声掛けにも、自分の荷物を触られることを嫌がっていたと思います。掃除に入る時は看護婦さんと一緒にしました。そして、時々訪問に来られていた青年の方もお世話をしていたことを思い出します。年1回の畳干しの時も全部は出しきれずにいました。だからと言っても、一斉掃除は皆さんと一緒にしていましたし、当番制の食堂掃除もしていました。入浴の声掛けにもなかなか応じてくれず、やっと出てきたかと思ったら、皆さんと一緒に長椅子に腰掛けていて、怒り声で「一年、風呂に入らなくても死ぬことはない」と言っていましたが、その日は入りました。普段の会話は、穏やかで他の利用者とも話されていて、悪い印象は残っていません。外出時は、担当寮母（現　介護職）や看護師にメモ（手紙）を渡して外出をしていました。とても筆まめだと思っていました。でも、いつもの事だったのでいただいたメモはゴム板の下にしばらくは入れておき後には捨てていました。後で偉人だったと知るとみんな残念がっていました。

以上のように、無相翁の施設における十一年間の生活の一部が垣間見られたかと思います。その中で記憶に止めるため瞬時にシーツにまで記録していた事は、執念、驚嘆に値するものだと思っています。

無相翁の晩年の生活は高踏な時間を費やされていたものと感じております。

最後に無相翁は彼自身の生涯を通じて、只管に開法を重ね求道念仏の一道を我々教示していただいたものと謝念いたすしだいです。

今回は有縁の方々の参詣をいただき心より感謝申し上げます。

『念佛詩抄』より

一期《いちご》一会《いちえ》の

みんな

かなしく

なつかしくー

7 寄稿（寄稿の到着順）

(1)「自力も他力も」

福井県坂井市　杉田　時江

自力も他力も
どういうおひとが　となえても
どういうきもちで　となえても
どういうところで　となえても
ナムアミダブツは　おやのみ名―
ナムアミダブツは　にょらいさま―
自力も他力も　ありはせぬ
ナムアミダブツ　ナムアミダブツ

（『念佛詩抄』七八頁）


今この三十三回御遠忌に、全く御縁なき私が法要の座にいることの不思議さ。

色々な場所を訪ね探し歩いて約四十五年。阿弥陀様のお慈悲は、自力とか他力とか人間が考えたものではない。

自力他力と分別している中からは現われないのだろう。

そんなはからいをすべてなくなった時、はじめて大悲のお念仏が届いて、この口から「助けるぞ、連れてゆくぞ、心配するな」と循環しているのだと思う。

特にこの詩に惹かれるのは、全く自然にお念仏が生活の中で躍動しているのだと感じた。最悪最低の一番ビリの私だからこそ、無相さんは私を今生の命ある間にこの場に招待して下さり、「もう一人でないんだよ」と、残りの人生は阿弥陀様のお慈悲のお念仏を喜んでいる有縁の人の場所に私を導いて下さったのだと思います。

(2)「やさしさ」と本音

福井県越前市　高橋　淳

父が亡くなり気持ちも落ち着いた頃、かつて聞いていた浄土真宗の教えを聴聞する気持ちが起きました。当方は、浄土真宗の門徒ではなかった為、布教される方の人脈はありません。少しは探そうとも思いましたが、経験上今の世の中には名声、利害関係を度外視して心に響く話をする布教師さんはおられないだろうと思っていました。同じ立場ならば、自分自身も利益になるか褒めてくれないと話す気持ちなどおきないと思います。昔のインターネットのない時なら、これで終わりだと思いますが、今は安価で素早く情報が入ってくる時代です。それで、自分なりに真宗教義に関すること等を調べていました。

時がたち、ＤＶＤ「木村無相　～煩悩と信心と念仏に生きて～」視聴版の動画を見て奇跡のような詩の内容に驚くとともに、この動画では木村無相翁の良い人柄がにじみ出ていました。さらに、昭和四十八年（六十九歳）から当方の地元である福井県越前市の老人ホームで生活をされるようになり、そこが終焉の地となったことを知り、親しみも感じました。

木村無相翁の動画で感動した詩

「無相よ―　ていさいを　かまうな　カッコええことを
言おうと　するな　書こうと　するな
それよりも　それよりも　よくもわるくも
本音をはけ―　本音をはけ―」

この詩には、名声、体裁、利益等を越えて伝えようとしていく心が感じられます。また、「無相よ―」と何か目には見えない尊い方が木村無相翁に呼びかけておられます。そして、その働きによりこの詩が生み出されたようにも見えました。『念佛詩抄』を今は、木村無相翁の詩とは考えずに「尊い方の呼びかけ」と思いながら読んでいます。

(3) 力みからの解放

福井県越前市　専応寺　**安野　龍城**

木村無相さんの身元保証人をされた福井県池田町誠徳寺の加茂淳光師が、無相さんと出会う契機になったのは、「慈光」という月刊誌に載っていた「そのままで」という一篇の念仏詩だった。

信者になったら　おしまいだ
信者になれぬ　そのままで
ナムアミダブツ　ナムアミダブツ

勉強して、「有り難き信者にならねば」と力んでいたであろう同師に、「信者になったらおしまいだ」という言葉は、まさに鉄槌の一撃であったろう。

寺に生まれ、寺の後継ぎを背負わされた者には、どうしても抜けきらない力みがある。そういう意味では私も加茂師と同じ力みを持っていた。それが無相さんの「念仏詩抄」に出会って、その力みから大きく解放された。

「むこうから」　（四二頁）
砂をしぼっても　水は出ぬ
わたしをしぼっても　信は出ぬ
真実信心　むこうから

「念仏そのまま」　（六五頁）
自力の念仏　そのまんま　他力とわかる　ときがくる
自力ぢゃ念仏　もうされぬ　信前信後　みな他力
念仏そのまま　純他力　ナムアミダブツ　ナムアミダブツ

「信行両座」　（六六頁）
コレコレおまえは　行の座か
コレコレおまえは　信の座か
イエイエわたしは　願の座に

「わたしのあんじん」　（一四四頁）

わたしのあんじん　ナムアミダブツ
あんじんいらずの　ナムアミダブツ
ナムアミダブツ　ナムアミダブツ

人間の分別、はからいの無きことが本義。すくいは阿弥陀仏の仕事。私の仕事は一切無い。「まかせよ」「ハイ」、ただ、それだけの世界。すべてが、すべてが大いなる願いの中にあったのだ。

有り難き、力みからの解放。合掌、称名。

ナモアミダブツ　ナモアミダブツ

(4) 無相山脈

京都市　荒木　半次

「歎異抄を味わう―信の交流」の表紙の裏に、著者紹介として次にように記されている。

木村無相（きむら　むそう）　明治37年2月20日、熊本県に生まれる。

若き日、山頭火と親交を持つ。松原致遠に師事。

求道一筋の人生を送る。　昭和59年1月6日、福井県武生市にて往生。

誰によって書かれたものか、簡にして要を得、胸のすく思いがする。

さて、無相師の師事した松原致遠師は、僧籍に入る前には、至文の筆名で健筆をふるい、文壇を賑わした人である。無相師に並ぶ、もう一人の念仏詩人、榎本栄一師もまた、松原致遠師を有縁の知識と仰いでおられるが、そこには何か偶然でない、深い因縁が思われる。

無相師が若き日、親交をもったという山頭火については、もはや言うを要しない。「層雲」を代表する放浪の俳人であることは、すでに周知のとおりである。山頭火を想うと、どうしても大山澄太師のことが想い起こされる。今日の山頭火あるのは、ひとえに、この方の物心両面にわたる後援による。そして澄太師自身、山頭火同様、井泉水門下の自由律の俳人である。

澄太師を想うと、こんどはまた藤秀璻師の面影が浮かぶ。秀璻師は、不朽の名著「歎異抄講讃」によって広くその名を知られてもいようが、あの妙好人、浅原才市の顕彰に力を尽くされた方である。そして藤師自身、またすぐれた歌人であり、この詩人にしてよくあの詩人を知る、の感が深い。

してこの四師がまたそれぞれに「友なり師なり」とお互いを敬愛されている間柄なのである。無相師の詩心は、山頭火、松原致遠、大山澄太、藤秀璻、という類まれなる宗教詩人たちの大団円の中で育まれていったもののようである。徳は孤ならず。無相師を想うとき、山頭火が想われ、致遠師が想われ、澄太師が想われ、秀璻師が想われて、懐かしさ限りがない。

◇

無相師三十三回忌法要の折、木村無相文庫の中に「吉田紘二郎全集」を見出したことは、うれしい驚きだった。子規山脈ということばがある。それに倣っていえば、無相山脈に連なる峰々の中に、また新たに一峰を発見する思いがしたことだった。

(5) 無相さんの聞法姿勢

西宮市　念仏寺　土井　紀明

『念佛詩抄』に

「やっと出ました　一本道
ナムアミダブツの　一本道
西の空　あかるい――」(一一二頁)

という詩があります。二十才前後に自分の内心に目が向いて、醜悪な煩悩に驚き、なんとかこの煩悩をのぞきたいと志すようになられてから、あちらこちらに救いを求めて回り、そして高野山まで上ってきびしい修行までされましたが挫折し、ついに五十才半ばで真宗一本にしぼって求めるようになられました。六十才前後でしょうか、

「道がある　道がある
たった一つの　道がある
ただ念仏の　　道がある
〝極重悪人唯称仏〟」(二二頁)

と、お念仏一つに道が定まったとき、「やっと出ました」というその「やっと」の一句に、それまでの無相さんの求道の人生での苦しみや悲しみ、その労苦の重さがひしひしと伝わってまいります。

六十歳ごろからの「称える一つ」の念仏は、とうとう「ただ称えよの仰せ一つ」にまで徹底された一生でした。いってみれば無相さんの求道聞法の歴程は弥陀の本願の十九願から二十願、二十願から十八願への三願転

入を自らに証された一生であったともいえましょう。無相さんの最後の言葉は

「生き死にの　道はただただ
　ナムアミダ
　ただ称えよの　仰せばかりぞ」（一九〇頁）

の歌ですが、この「ただ称えよ」（称我名字）の仰せ、そのほかに何も無しという、きわめて単純でありますが、「浅きは深きなり」で、まことに幽邃なご信心のおすがたとあおがれます。

無相さんの聞法姿勢から何を学ぶかと問うてみますと、まず救いを求めるのに「いちずであったこと」です。あれもこれも求めるのでなく、「助かりたい」「解決したい」という一点を常にはずさずに生きられたという点でありましょう。

そして真宗に入られてからはとにかく「お念仏を称える」ことに親しみ、文字通り実行されたことです。お互い「お念仏が大事」とはよく言いますが、案外日常生活で称えないものですね。そして無相さんのお念仏の声は、人生の悲哀の念が深かったゆえか、なんともいえない良い響きがありました。

こうした基本的な聞法姿勢のほかに、無相さんは、ことに香樹院師、一蓮院師、禿顕誠師などの『信心語録』に親しみ、「真宗の話を聞いたり本を読んだりするだけでは一応であって、名師の信心の語録によってなんどもなんども自らの身に引き当てて念仏の領解を磨かなければいけない」とよくおっしゃっていました。我が家に来られる時はいつも語録を何冊か持参して、お念仏のお心を力を尽くして語って下さいました。

たしかにこの三点は大変重要だと思います。なかなかご信心がいただけないとの嘆きをよく聞きますが、無相さんのこうした聞法念仏のお姿から学びたいものです。　南無佛

⑹ 信もなし、ウタガイもなし

福井市　日月文庫　佐々木祐子

伏見の荒木氏から、木村無相さんの三十三回忌が武生であるがと誘いを受けて、木村無相さんの本は何冊か手元にあるが、一冊もよまずに参加するのは申し訳ないと『歎異抄を生きて』を私としては珍しく丹念に拝読。詩が生まれる背景がそこにはある。ま、簡単に言えば荒木氏の熱意が動かしたと申しましょうか。

そして、最後の「信もなし、ウタガイもなし」はノートにメモ。そうなんだ。はじめから信も疑も問題にしていない人の言葉ではない。長い長い放浪の果てに「信もなし、ウタガイも無し」。それは深くもあり、軽やかでもあり、静かでもあり、柔らかでもあり、広くもあり。

さて、三十三回忌法要が終わってから、今度は『〝無相さん〟を偲んで＝二十五回忌法要記念＝』を読ませて頂きました。入れ替わり入れ替わりして、無相さんは讃嘆され、信が相続されていく。一人一人が、のびのびと語っておられることが、無相さんが本物であったことの証明。僧伽ですね。人が生まれる。

私も一時、同朋会館に御縁がありましたが、ちょうどすれ違いで、つまり生きた無相さんには会わずじまいでした。が、会わずとも会える世界を賜りました。念仏の僧伽、僧伽の法要に感謝して。

なお、この一文も荒木氏に背中を押されての一文であることを書き添えておきます。

平成二十八年三月十七日記

(7)『念佛詩抄』の呼びかけ

福井市　吉田　長幸

「はずかしや」
よし女いわく　〃わたしは　なんにも　しりませぬ
わたしは　なんにも　しりませぬ
ただ　しらせてもらう　ばかりです〃
ものしりがおの　はずかしや　（一二八頁）

木村無相の名前は、確か浄善寺の藤田智賢師の法話を聴聞して知りました。法話の中で、すっかり断片的に記憶に残る名前でした。晩年は、武生の老人ホームで亡くなられたことや、生涯一人きりの生活で、詩を書いておられたことを知らされました。

人生の大半を宗教に取り組まれ、〃自己とは何であるのか〃を、聴聞を通じて、自己発見されていた人のように思います。

詩の表現は、みんなが分かりあえることばで綴られていて、非常に愛着があり、感動を与えるものでした。「むこうから」の作品の中で、「真実信心　むこうから―」と。簡単明瞭、藤田智賢師からも、毎回のように聞いた、心にひびく言葉です。

作品を読んでいて、「有りのまま　念仏　南無阿弥陀仏」すべてがいい尽くされています。生かされている我が身が　煩悩と欲に執着する日々、これかれも身体の続く限り　聞法を続けたいと、『念佛詩抄』から呼び掛けられたような気がいたします。

木村無相の三十三回忌にあたり、長く後世に木村無相の心を届けられる活動に、心から感謝したいと思います。

(8) 無相さんに寄り添って

越前市　千秋マツ子

求道六十年　無相翁三十三回忌　誠徳寺様の深い御縁で　武生にお住まいになられていたので　大変　身近に　又　懐かしさを感じさせていただいています。

最晩年になられてなお　一心不乱に四時間あまり　お聖教をいただき続けられたお姿等　恭敬の心で　牽かれます。

同時に　我を忘れ　情報社会にふりまわされつづけているとも知らず　空しいとも思わず　それでいて　み教えを聞いているつもりになっている己れに　気づかせてもらいました。

一途に　罪悪生死の凡夫と阿弥陀仏の四十八願を深信され「南無阿弥陀仏」称名念仏を　真剣に　素直にいただかれたご一生は、私にとって　お敬いと同時に　確かな道しるべであり　無相翁のお念仏の心を　明るい朋として　いただいてまいります。

「道がある　道がある　たった一つの道がある　〝極重悪人　唯称佛〟」と　ただ念仏の一生を完うされた無相さんに寄り添って　私も日々安らぎ　落ち着く場に気づき続けてまいりたい一心です。南無阿弥陀仏。

(9) むそうさん

鯖江市 助田 篤郎

翁、様、先生、師、など接尾としての敬称もいろいろあるが、サマが転じた〃さん〃がもっともしっくりするようです。

心安い呼称で〃無相〃には、さんがやはりピッタリとするのです。

無相さんご自身が敬愛し尊敬された先生方も「むそうさん」と呼び、無相さんを慕い、教えを乞うた人達も「むそうさん」という。無相さんと関わりをもつ大方が、「むそうさん」と親しみを込めておっしゃるのです。

私からすれば、祖父といえるほどの年齢差の先人を「むそうさん」と気安く呼べる、こんな方もおられるんだという思いは、当初からありました。

献体されて遺体のない通夜の席で、感話にでてくるのは、やはり「むそうさん」でありました。二十五回忌法要で講演なされた金光氏も「むそうさん」とお話されておられました。

そして無相さんが還浄されて三十二年経った今回の三十三回忌でも、法話や感話をなされた方々のほとんどが、「むそうさん」といっておられるのです。

有相のことにこだわらぬ暮らし振りの内には、放浪の詩人の天涯孤独で甘えを許さぬ厳しさが内省された生活であったと思われますが、そうなっているお方にあっては、そんなこだわりもいっさいない、ただに人懐っこい笑顔で、敬愛されるばかりであったろうと思うのです。

そうであればこそ、やはり「むそうさん」が似合うのです。

なつかしき

みな死ぬる
人とおもえば
なつかしき　　木村無相　（五五頁）

⑽「念佛詩抄」を読んで

八千代市　藤枝　昌文

「念佛詩抄」を読むと、「念仏を無条件で信じる」と云う私達の理想の世界を遙かに超えた、無相氏の異次元の「信心」を感じる。

信者になったら　おしまいだ
信者になれぬ　そのままで
ナンマンダブツ　ナンマンダブツ

太陽が東から昇る事を「信じる」人は居ない。或いは、自分には父親と母親が居るという事を「信じる」人は居ない。明明白白な事を「信じる」人は居ない。

又、「信じる」という事は幾つかの選択肢が有る時に、若干の疑念が無い訳ではないが、その一つを「信じる」という事である。この「信じる」という行為には必ず自分の「意思」が働いていて、そこには「自力」が存在している。「自力」が働いている以上、何時か心の揺らぎと疑念が生じる。

しかし、求めるものが一つしか無かったら、「信じる」という行為は生じない。

「無相氏は信者ではないのか？」と聞きたくなるこの詩は、一見異常に見える。しかし、無相氏は「お念仏」を「信じている」のではなく、当たり前の事として、念仏の中に生きているのである。「信じる」とか「信じない」などと云う次元の問題でなく、「自力」とか「他力」などは関係なく、無相氏は「お念仏」の中に生きているのであり、同一なのである。

だから、無相氏は、「信者」即ち「信じる者」ではないと云っている。

無相氏がこの様な考えに何時頃どの様な経緯でなったのか訊いてみたいが、今となっては、この「念仏詩抄」を読み解くしかない。

念仏　念仏いうけれど
念仏してみりゃ　すぐわかる
念仏なかなか　もうせぬと
（六二頁）

信心　信心いうけれど
信心してみりゃよくわかる
凡夫の信心つづかぬと

行信ともに落第と
しらしてもらえば　よくわかる
大悲の願心よりないと

無相氏の略歴を見ると、二十九歳の頃から仏道に真実の自己を求めて各地を遍歴し、多くの師と巡り会い、学び続けたのである。真宗と真言宗の間を何度も往復し、最終的には真宗一筋となり、六七歳からの二年間で、これらの「念仏詩」を書いている。

無相氏の詩は感動の吐露であり、説明も理屈も教示もない。それだけに分かり易い。しかし、この詩に心底から共鳴できる人は、真宗の教えを深く理解し納得している人だけであろう。無相氏と同様な、苦悩、努力、葛藤、挫折を経験し、混迷と自己嫌悪に塗れた一時期を過ごし、その後にふと一筋の光明に包まれた人でなければ共鳴は出来ないであろう。従って、私には未だ得心、共鳴することはできない。

無相氏は、「自力」の匂いのする「お念仏」でも「信心」でもなく、阿弥陀如来の第十八願の「願」しかない、と云っている。この点で、真宗の教えは非常に難しい。

親鸞聖人がそうであった様に、この無相氏がそうであった様に、苦悩と挫折と葛藤の後でなければ得心できない「絶対他力」は、凡人には難しい。

否、そうではない。無相氏の様に深い得心がなくても、そのままで既に救われているよ、と云われても「ホントカナ」と思ってしまう。

作用・反作用の原理を学んできた私にとって、何もしないのに何かが返ってくると、云われてもなかなか得心できないのである。

毎年の初詣は、築地の本願寺と決めている。その理由は、空いていてゆっくりと仏心に触れる事ができるからである。一方、近くの浄土宗の本山、増上寺は初詣の人々でとても混んでいる。これを見ると、淋しい思いがする。

庶民は、「祈り」と「誓い」の気持ちを持って初詣に行くのであるが、真宗のお寺にはそれに応える余地が無いからだ。何とかならないものかと思う次第であるが、この様な不埒なことを云う私は「極重悪人」であろう。

道がある
道がある
たった一つの道がある
〃極重悪人　唯称佛〃

（二二二頁）

何時の日か、お阿弥陀様のお力に依る「お念仏」が、自然と口に出る様になることを、只々願うばかりである。

了

⑾ 木村無相さんを想う

鯖江市　千葉　晃弘

「無相よ、もう漂泊（さすらい）はやめよう」というのが、種田山頭火の若き木村無相さんへの願いだった。おふたりに共通するのは、家族を捨ててまでのさすらいと求道の情念だったと考えられる。

昭和十四年（無相さん三十五歳）、愛媛県の香園寺で山頭火と写した写真を無相さんから頂いた。（次頁）昭和五十一年頃、瓜生の太子園におられる無相さんをお尋ねし、詩を書く私たち（当時三十四歳）に目を掛けてくださったようであった。

その頃、鯖江で詩を書く若い仲間、鎌数学、窪田秀男、千葉晃弘、千葉吉弘のまわりには、幸いにも、竹部勝之進、をさはるみの念仏詩人が近くにおられ、福井には、米沢英雄師が私たちの詩を、中日新聞「こころの

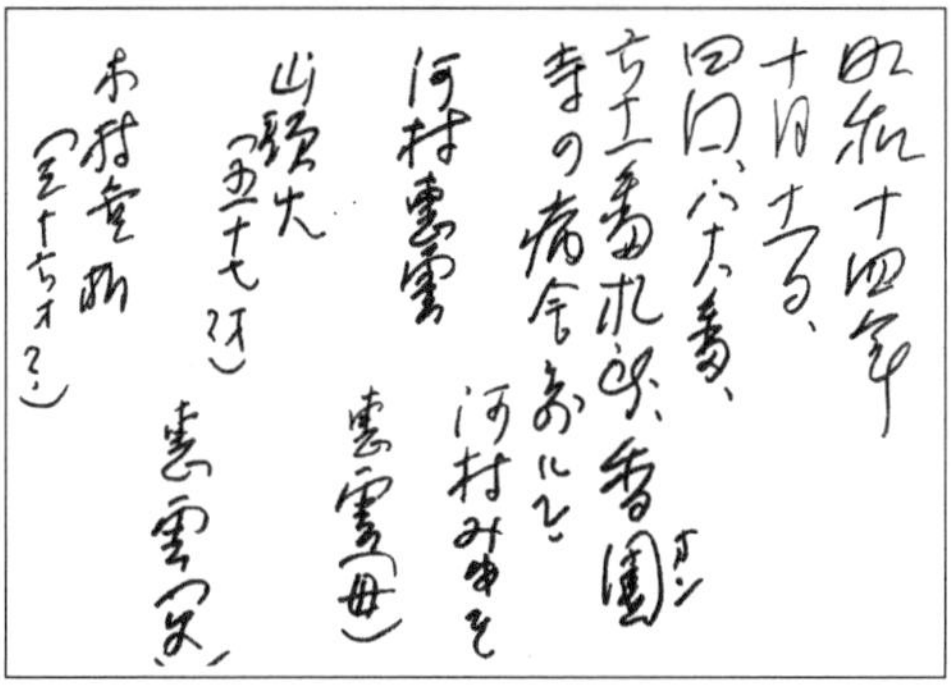

詩」に紹介してくださった。

そんなご縁で、昭和五十一年に、竹部勝之進「はだか」（合本）と、をさはるみ「点睛」の出版記念会を鯖江公民館で開催したところ、杉本直を中心に鯖江の詩人、福井からは、米沢英雄、三上一英、則武三雄、広部英一、南信雄、川上明日夫の諸氏、鯖江の助田茂蔵夫妻、石川三昌、武生からは木村無相さんもいらっしゃった。改めてよくまあ、こんなに豪華な面々が揃ってくださったものと思う。

私の次の弟、吉弘が気持ちを病んで（総合失調症）、この治療にかかわる両親の意見が分かれて、私も悩み無我夢中で、米沢先生や無相さんに相談をお掛けした。弟を連れて、林病院に入院中の無相さんをお見舞いしたことがある。

（拙著「喪失の時代の詩人たち」慰問記）

太子園に、お見舞いに花を持参したが、花瓶がなくて、妻が県外の文通の友からもらった花瓶に入れて持って行った。妻に悪いとは思った。狭い部屋で、缶詰めなどを開けてくださった。「あんたがしっかりしないとだめだ」と無相さんにたしなめられた。宗教者もとどの詰まりは、こんな台詞なのかと思って帰った憶えがある。今では、いつまでも頼っているだけでなく、自分の足で立ちなさいと言う意味だったと理解出来るようになった。いま、弟は一人暮らしで国高の「アップ」に通って詩を書いている。

残念に思うことは、福井から帰る電車の中に、無相さんの姿があったので、お声を掛けたが、私がすぐには分からなかったようで、長らくのご無沙汰を詫びた。

昭和五十九年四月の「木村無相師の百ヶ日」の写真では、最前列の加茂淳光師の横に、助田父子と私が写っている。写真士の指示に従ったものだが、これも、何かのご縁と有難く思っている。（拙著「喪失の時代の詩人たち」に掲載）

(12)『念佛詩抄』に思う

越前市　教善寺　遊亀　孝文

私が無相さんにお会いしたのは昭和五十年代のある日、その頃私は、今は既にお浄土に往かれた小泉宗之師を中心として数人の仲間と「古典に親しむ会」という会合を持ち、『教行信証』の講読をしていました。その席上に木村無相さんをお迎えして話合いを持ったことがありました。その時どんなことを話し合ったのか、今では全く記憶にありませんが、無相さんは補聴器をかけながら、何度も耳を傾け、私たちの訳の分からない質問にも応答されていました。その頃私は木村無相というお名前は聞いておりましたが、本当のところどういう人物であるか、ほとんど知りませんでした。改めて『念佛詩抄』を拝見し、またその略年譜をみて感慨を深くした次第です。そしてこの度の三十三回忌にお参りしたところ遠近各地より多くの方々が駆けつけ、その思い出を語られるのを聞いて、感じましたことは、三十三年も経ってなお多くの人々にその感化を及ぼしているということは、これは普通尋常の事ではない、ひょっとすると無相さんは還相回向の菩薩ではなかっただろうかということでした。改めて詩抄を見ますと、いわゆる私たちが一般的に考えている詩の形式とはかなり離れたもので、詩というよりは無相さんのつぶやき、独り言、あるいは思わず口から迸り出た心の呻きのような感が致しました。私達が詩歌を詠むときは多少なりとも語句を選び、整え、韻律を合わせ、少しでも口調よく、かっこいいように作ろうとしますが、無相さんの詩にはそのような作為が全くありません。無相さんの本音が語られているという事で、それだけに直接に私の心を打つものがあります。詩の中に「無相よー　ていさいをかまうな　カッコええことを言おうとするな　書こうとするな　それよりも、それよりも　よくもわるくも本音をはけー　本音をはけー」と云うのがありますが、まさにその通りの詩が全篇にみなぎっているようです。澄み切った透明な秋空のような清々しさと、俗気を拭い去った軽快さを感じながら、あらためて人間の生き様について感慨を深めた次第です。

⒀　素敵な笑顔の無相さん

西宮市　光岡美紀子

平成二十八年三月、越前市和上苑にての木村無相翁三十三回忌法要に寄せていただき、翁のＤＶＤ、念仏詩抄、年譜に接し、無相さんという方の人と成りを知ることになりました。私生児という重い出自での人生のスタートとなり、幼少期を朝鮮、満州で過ごし、その後日本で学業を終え、二十才成人となり親との訣別、再び朝鮮、満州、フィリピンでの生活、二十九才で日本へ。その後二十五年間、多様な仕事を変転し、その間求道心強く、まさに流浪の長い旅を続けられたということですね。

五十四才で東本願寺同朋会館門衛となり、十二年間ひたすら聴聞なされたあと、六十六才で福井県池田町誠徳寺の加茂淳光さんと、しのぶさんという良き人に出会い、いかほどの安堵と喜びの気持を持たれたことでしょう。

その後、八十才までの最晩年十五年間を武生近くの老人ホームで、思索と文筆交流の満たされた日々を過ごされたことは、何よりと思います。

人並みはずれた苦悩と煩悶、そして求道の人生だったがゆえに、誰よりも深く、深く念仏・南無阿弥陀仏を頂かれたのでしょう。

死後三十三年の今も尚、私達に優しさと勇気を与えて下さる無相さん。このご縁をありがたく受け、笑顔で、気負わず、ゆるやかに、南無阿弥陀仏と頂く身でありたいものです。

⑭「モタモタのまま」

福井市　山田　博英

私が初めて「念佛詩鈔」にふれたきっかけは無相翁の二十五回忌法要（越前市瓜生町和上苑）に参加した時です。その中の詩「浄土門」（『詩抄』一五五頁）は私にとり一生涯のテーマになっています。

私は二十歳前後から歎異抄を読み始めました。歎異抄第四章は短い文章ですが私にとっては珠玉の一文であります。聖道門と浄土門の慈悲とはちがうということを教えられました。人は一人では生きて行かれないので他人への思いやり、親切、感謝などいろいろな思いが交錯しながら生きていますが、本当に相手に自分の気持ちが伝わっていただろうかと思う。家族や兄弟、友人が困っているとき、心から祈るような気持ちで何とか手助けをしたいと思った、これは尊い心づかいですが、これらの菩提心・慈悲心に「始終なし」で、悲しいかな、決して徹底しない得ないと親鸞は教えて下さった。

正像末和讃に「自力聖道の菩提心　こころもことばもおよばれず　常没流転の凡愚は　いかでか発起せしむべき」とあります。「今生に、いかにいとおし、不便《ふびん》とおもふとも、存知のごとくたすけがたければ、この慈悲始終なし」です。

では、私はどう生きたら良いのだろうか。無相さんは「モタモタのまま生きよう」と詩に残されました。大家族の我が家では、姉や兄がいて弟や妹と兄弟が増えるときは只々嬉しかった。みんなそろって家族の悲喜こもごも懸命に何十年か過ぎた、やがて年老いて従兄妹たちも含めて一人ずつ浄土への別れが有り、生きる事の楽しさ、ありがたさを本当に身に染みて感じています。先日も私を負ぶってくれた姉が亡くなった。みんな有難う。私も「モタモタのまま、モタモタめあての　ご名願」におまかせしてまいります。南無阿弥陀佛。

⒂　本願を証（あかし）した人

大阪市　瀧野　広大

木村無相さんは人生の底辺で、人生の痛み、哀しみを身に通して、本願念佛の教えに直参した人、念佛往生を証した人である。親交の深かった土井先生は、こう仰っていました。

これは無相さんの命の在り方であったと同時に、今、私に、すべての人に、与えられた存在の意味だと味わいます。

私も『無常』と『我』にぼろぼろにされ、何もかも嫌になりました。何をどうすればいいのか分からなくなってしまったのです。

しかし私が念佛を捨てても、念佛は私を捨てずに、ただ待っていて下さったのでした。私はずっと何かが欠けているような想いを抱えて生きてきました。でもそれが何なのかはずっと分かりませんでした。しかし、お念佛に遇い、今に満足させて頂いております。

しかし、それで済むほど現実は甘くないのです。

歓びを握る、歓びがずっと続くはず。あるいは仏法を知らぬ人を見下す。驕慢心、分別心というわが身の体質が、厳然として残っているのであります。

無相さんの詩があります。煩悩よ　私がわるいのだ。

私はこの詩に、答えがあると感じています。なぜなら、この詩は煩悩を否定せず、自身で受け止めておられる、許していると感じるのです。それが煩悩を超えるということなのではないでしょうか。自分自身を本当に受け止める、許すことのように思われます。

差別即平等。煩悩即菩提。驕慢心、分別心を抱えるわが身のままに「本願に還れ、いつでもここに居る」のただ念佛の杖と共に、この答えを尋ねて行きたいと思っています。

我が名を称えよ。

この一句に、私の存在全体を許し、認め、引き受けてくださる、大いなる意志がすでに込められています。このことを、無相さんと土井先生から聞かせて頂いております。

それは私いちにんのためであり、念佛申す人も、申さぬ人にも、一切の命に、すでに懸けられている、大きな願いであると体解します。

そして人生とは、まずはどうしてもお念佛に遇わねばならぬもの、その後はその人にしかできない、その人自身の命を通した選択本願念佛を表現する歩みではないだろうか。
そして、それを成した人を本願を証した人というのでは、と味わいます。

合掌　南無阿弥陀仏

⒃ 木村無相さんとわたし

福井県坂井市　徳間　義雄

生前の木村無相さんにお目にかかったことはない。それでも　私にとっては、無相さんはなつかしいお方です。南无阿弥陀仏となって、いつも私を喚び続けて下さるお方です。お念仏の声の中に、その存在を如実に感じるお方なのです。

無相さんは　生きておられるときから還相のお働きをされて、今現在説法の如来様と頂戴しているのです。CDやDVD、『念佛詩抄』『求道六十年　歎異抄を生きて』『歎異抄を味わう』『木村無相師法談』その他の著作・法信を通して、生前のお相（すがた）や、肉声、語り口、その息づかいまでが身近に、なつかしく感じられるのです。

平成二十年四月の二十五回忌法要に参加して、無相さんと御縁の深い方々のお話を拝聴した。何かが私の中ではじけた。翌年三月に、なにものかに導かれるようにして、池田誠徳寺を訪ねた。そして加茂淳光さんと運命的な出遇いをした。握手をした途端に、なぜか私の両眼からポロポロ涙が流れた。御夫妻の前で私は泣いた。それ以来、何も知らない私の手とり足とりのお導き、お育てを頂くことになった。

淳光さんとの出遇いは、そのまま無相さんとの出遇いとなった。淳光さんは無相さんと共に生きておられるからです。月二回の法話のあとの一対一の勉強会のうれしさ、楽しさ、有難さは、私の生涯の宝物となっています。

無相さんがよろこばれた『信者めぐり』をテキストに輪読会となりました。疑問があれば、質問をしたり、お経様に戻り、教行信証に戻り、お聖教に戻るのです。その都度、必ず無相さんの話が出た。従って、いつも無相さんがそばにおられた感じがした。無相さん吹込のテープは全て聞かせて頂いた。無相さんと淳光さんの法恩は、私の生涯をかけても報じようがない。報謝の真似事がしたいと福井大学医学部に献体手続きをした。勉強会に併行して、私は『念佛詩抄』を何回も拝読することになった。三二〇篇の詩に説かれている二種廻向、本願の生起本末を拝読するのです。やさしい詩と思っていたら、読めば読むほど、考えれば考えるほど深い如来様の大悲心をお知らせ頂くことになるのです。たどたどしい称名・聞名の日々となった。そのうちに、無相さんから淳光さん宛の法信を日付順に整理収納させて頂く僥倖に恵まれた。千通近いお手紙、ハガキ等を拝読した。文は人なりと言われるとおり、なつかしい無相さんでありました。いのちを削るようにして、一通一通を書いておられる無相さんのお相が見えてくるのです。文字が立ち上がってくるのです。

平成五年二月母の死の衝撃で発病し、今も心の病を抱えている私は、当時、苦しいばかりでした。生きていること自体が苦しいのです。無相さんの熱烈な信仰と、体験に裏打ちされた深い内観を経た詩や文章は、私のような病人にとって、希望と安らぎを与えてくれるものでした。ありべがかりのまま、如来様の仰せひとつに約（つづ）められた凡夫直入の口を動かすだけの南无阿弥陀仏を教えて下されたのです。

「信者にはなれぬ　そのままで　ナンマンダブツ　ナンマンダブツ」

とあるとおりです。地獄一定の私のための説法です。『念佛詩抄』は、真宗門徒に限らず、大乗の極致を示す本として、広く読まれるべき本と確信します。百万部、二百万部のベストセラーになって当然と思うのです。

それだけの普遍的価値を有するいのちの書です。　三十三回忌法要のとき、私たちが合掌念仏する前に、向こう側で先に無相さんが合掌念仏されているような気がしてなりませんでした。これを機縁として、日本中にお念仏の声が響くことを願うばかりです。南無阿弥陀仏。

⒄　わたしと「念仏詩抄」

越前市　藤堂　尚夫

ありがたいご縁をいただき、木村無相師の三十三回忌にお遇いすることができた。

「木村無相」という方が、越前武生にご縁があり、真宗を生きておられたということは、なんとなく知ってはいた。しかし、自分から「木村無相」を積極的に訪ねることは、それまでは全くなかったと言ってよいだろう。このように近くて遠かった「木村無相」は、私にとって、いつかは関わりを持ちたいという存在であったと思う。

三十三回忌の法要での若手による法話をいただいて、私にとって無相師は「還相の仏」ではないか、と思った。「木村無相」を知ったのは、その人の死後である。「木村無相」その人と、わたしとは何の接点もない。しかし、三十三回忌というご縁に出遇ったのは、私とご縁を結んでいただいている人たちとのご縁によるもの。「木村無相」と私とのご縁は、そういうつながりの中で結ばれた。そして、「木村無相」のことばは、このようにして私に届いていただいた。そういう意味で、「木村無相」を語る若手の方々の法話は、私に届いたのであったように思う。

信心すなわち一心なり／一心すなわち金剛心／金剛心は菩提心／この心すなわち他力　なり　（高僧和讃）

真宗の信心は「他力（阿弥陀様）」の側にある。その信心をいただくことを「木村無相」は教えてくれる。

ナム　と聞いたら／五劫の思惟を／　アミダ　と聞いたら／永劫のご修行を／思うんだ　よ　無相よ／思うんだよ　無相よ（「無相よ(二)」（一六頁）より）

その信心は阿弥陀様のご苦労によるものである。「木村無相」は「阿弥陀様のご苦労を思え」と訴えかけてくる。その訴えは、信心を慶ぶものの、大きな共感を呼ぶものである。

信心を慶ぶとき、私たちは自分の人生を、このような人生として受けとめるのではないだろうか。

生きるんだ／生きるんだ／煩悩の一生を
生きるんだ／生きるんだ／無常の一生を
煩悩　無常が／人間の一生／ナムアミダブツと／生きるんだ——（「生きるんだ」（一九頁））

無常の一生を煩悩と共に生きている、あるいは生きざるをえない、というのが人生の実相であるならば、「ナムアミダブツと／生きる」という生き方は、人生にいろいろ躓きながらも生きる人間にとって、なんと心強い生き方ではないだろうか。決して迷わない人生ではない。しかしながら、「ナムアミダブツ」は力強く共に生きてくださる。

そんなことを「還相の仏　木村無相」は、教えてくださったのではないだろうか。

⒅ 木村無相翁 〃「念仏詩鈔」とわたし〃

横浜市　藤枝　純教（釈浄憲）

わたしが『念佛詩抄』にふれたご縁は、兄の了慶寺住職藤枝宏壽から、何度も無相翁の話を聞き、その本を送ってもらい、友人にも薦めたことなどであります。

木村無相翁は、私が八歳の時フィリッピンで戦死した父とほぼ同年代であり、しかも三歳で朝鮮・満州にわたり、平城で高等小学校を卒業され、帰国後、神戸工業学校の建築科に学ばれ、その頃から仏教に興味を引かれたとあり、その上に、なんと偶然にもフィリッピンにも二六〜二九歳までおられたとか……われらの亡き父藤枝黙円（前了慶寺住職）とは、おそらく会ってはおられなかっただろうが……わが寺にも二度ほど見えられたと聞き、なにかのご縁を感じた次第です。

素晴らしい「念仏詩鈔」の中で、とても、気になっている、又は、気に入った〃言葉〃や〃詩〃がいくつかあります。

少しご紹介させていただき、わたしの共感を書かせていただきます。

その1：無相よ（一）　（一六頁）

無相よー

ていさいを　かまうな、カッコええことを　言おうと　するな　書こうとするなそれよりも　それより

も　よくもわるくも　本音をはけー　本音をはけー

そのときどきの　本音をはけー　本音をはけー

コメント1：

わたしは、木村無相氏にお会いしたことがないので、その人となりについては、わかりませんが、この本が教えてくれたことで、とても気になる事実に、若い時、二度ばかり自殺を試みたとありました。自殺というのは、自分の未来の価値をゼロ以下にしか感じられなくなることです。人間が自分の未来の可能性をゼロ以下にしか考えられなくなることは、本人以外の理由にはありません。

自分の可能性をゼロ以下に追い込んでしまう出発点に良くなるのは、自分を、体裁や、面子や、いい子になりたくて、飾って他人に見せてしまって、結果的に、そうならなくて、とても、恥ずかしく思い、他人には会いたくなくなり、どんどん自分を狭い方に閉じ込め、最後には、どこにも自分の居所が無くなり、しかも、自分を愛するために、これ以上、生きるよりは、死を選んだ方がいいというプロセスになる。

そういう意味では、その強烈な若い時の経験と思いが、この詩の原点にあるのではないかと、六十九歳にまとめたこの詩集のトップにこの詩をえらばれたのかなと私は、推測してしまいます。

いずれにしても、無相よと自分に言い聞かすのが第一で、自分の性を知り抜いておられて、自分に向かって言われながら、自分の失敗を多くの人にさせたくないと言う思いも感じられました。

その2：山のごとくに　（二〇頁）

山にむかいて　おもうこと　　山にむかいて　おもうこと
山のごとくに　生きんかな　　山のごとくに　生きんかな

コメント2：

中学生のころ野球部の選手だったので、授業を終えて2時間くらい練習をして、まっすぐ自宅に帰るとき、また仏事のある日は、檀家でのお勤めを終えて押田に自転車で寄るとき、いつも私は、越前富士・日野山の雄姿を仰ぎ見ていたことを、この詩で思い出した。

山は自然なりとも　見る人の心象によっていろいろに語りかけてくれます。

きっと、人間は、大きな山を見ることで、自分の小ささを感じ、自分を見つめるのだろうと思います。また、山の偉大さは、時にきびしく感じさせるが、時には、自分を大きく包み込む父親のようなイメージですが、おそらく、無相翁も、自分の弱さを感じて、山のようにどっしりと動かない人間になりたいと、自力での自らを強化したかったが出来ずに悶々とされた、若い時代から、すでに、50-70近くの感想としては、雨が降っても雪が降っても風が吹いても〝そのまんま〟、〝如〟として立ち続ける、〝自然〟の境地で、山に共感された詩であろうといただきます。

その3：二十世紀梨　　（二三頁）

二十世紀梨――　こんなにんげんに　なれんものか

みずみずしく　歯あたりがよく　すがすがしく　あとくちがよく―

コメント3：

こんなに素直に表現出来たことは素晴らしい。そのようになれないのが娑婆の人間だから、なお、憧れる。

その4：いっぱい　　（三一頁）

天地　いっぱい　ナムアミダブツ

わたし　いっぱい　ナムアミダブツ

コメント4：
この詩の直前に
まん中に（二）（三一頁）
大きな　大きな丸かいた　天地いっぱいの　丸書いた
そのまん中にナニかいた　ナムアミダブツと　かきました
というすばらしい詩があり、それを受けての「わたし　いっぱい」の「ナムアミダブツ」が素晴らしい。

その5：むこうから　（四二頁）
砂をしぼっても水は出ぬ　わたしをしぼっても　信はでぬ
真実信心　むこうから—

コメント5：
前のみずみずしい二十世紀梨のさっぱりした食感のような人になれないか、なりたいと謳われている見事な、素直さが素晴らしかったが、そのあとにでてくるこの詩が、そうはいっても、私は、みずみずしさもなく、砂の様であり、その自分にあるものは、強い自我であり、その私を絞っても、信は出ないと言い切って、だから、〝信ずる力は　私にない〟という自虐的な、厳しい内省が無相翁の原点なのだろうか？
だから、こちらが信じる心が無くとも、仏の救い（弥陀の誓願）が、向こうからやってきてくれると言う考えは、〝ナムアミダブツを唱えれば〟を前提としているのだと思っていたが、こんなに無条件に決めつけるのは厳しいな、観念論的に過ぎるな、という感想だが、実は、このあたりは、巻末近くでは、「ご恩徳」（一六五頁）で、見事に、煩悩の砂の中の自分と、向こうからのおたすけの共存を、次のように、ありがたいご恩徳として納得し納められていると頂きました。

いつも、お念仏の外に居る　外に居るのに内に居る

こんな　おかしいことはない　こんな不思議なことはない、

外にいるのは　私の性　内にいるのはご恩徳

ナムアミダブツのご恩徳　ナムアミダブツ　ナムアミダブツ

（一六五頁）

とすんなりと謳われている。

そして、最後に、選ばせていただいた詩は、「不思議（四）」（一六五頁）です。

元日や　今日のいのちに　遇う不思議

まさに、自殺の試みの闇から、「よかったね」（五三頁）、「生きるということ」（三八頁）、から「丸もうけ」（三九頁）、「生は偶然」（四〇頁）「カラダよ」（五十七頁）でカラダにも感謝し、「死は必然」（四〇頁）なので、ナムアミダブツ、だから「そのまんま」（一四三頁）こそ　原点で、他は「いらぬ」（一一九頁）、「ナムアミダブツ」と自分の心の葛藤が、阿弥陀様の慈悲を慕って、〝真言〟と〝浄土真宗〟の門を、三度も行きつ、戻りつされ、ついに、ナムアミダブツに帰依されたと聞く木村無相翁の心象が偲ばれました。

この詩集から一〇年後、往生されたとの事だが、今もなお、兄をはじめ、多くの人々に還相回向され、私にも過去何度か語りかけていただいてきたご縁を、ありがたくいただいています。ナムアミダブツ　ナムアミダブツ　ナムアミダブツ。ナムアミダブツ　ナムアミダブツ。

二〇一六年三月三一日　韓国ジェジュ（済州）島にて。

⑲ 無相さま有難う

越前市　山崎　昭二

無相さま有難う。お念仏有難う。『念佛詩抄』有難う。ナムアミダブツ有難う。熊本の人が良くも晩生を福井県に、特に越前市に住まわれたことは、私等にとって有難いことですね。これだけの沢山の法味愛楽のナムアミダブツ詩をお作り下され、私達に残してくだされたことの有難さ。私は出来るだけこの詩のごとく生きたいと思っている今日このごろです。

私が『念佛詩抄』にふれられたきっかけは、無相翁三十三回忌法要をお世話下さった僧侶のお方様のお陰により、お参りさせていただきました。そして『念佛詩抄』を戴き、こんなにも沢山の詩が残されているとは初めて知りました。本当に良き出遇いでございました。有難うございます。

『念佛詩抄』の中で特に私が惹かれている詩は、「生きるんだ」（一九頁）、「迷いの境涯よ」（三五頁）、「いただきまつる」（四六頁）、「こいしくば」（九八頁）、「中身」（一〇〇頁）、「羅針盤」（一一〇頁）、「マチガイ」（一二五頁）、「外道」（一二六頁）、「ただのただ」（一二九頁）、「おねんぶつ」（一四六頁）です。どの詩も無相さまの詩は、お味わい深い、深い、法悦がつきない有難さがわいてきます。

無相さまの年忌法要のお世話下される世話人様がなかったら、宝の山を知らずに終わってしまうのが世の中。世話人様のお陰、お陰。有難うございます。

⒇ しんじつのひと

長浜市　橘　善證

無相様の詩はどれもこれも真実のひびきがする。嘘がない。まことがある。

○「そのまま」という詩が『続・念仏詩抄』一二九頁に。

どうにかなれると／おもっていたが／どうにもなれない／わたしでした〃そのままとは／どうにもなれない／そのままとは—

《わたしの感想》横川法語に、妄念はもとより凡夫の地体なりとあります。そのままでしかありえません。歎異抄第二章に、地獄一定のわたしはただ念仏の他はなく、よきひとの仰せをこうむるばかりであると。どうにもなれないわたしとは宿業の身でした、ということか。

○「恋しくば」という詩が、念仏詩抄九八頁に。

親に／妻子に／聖人さまに／会いたい時は／ねんぶつもうせ／チャンと六字の／うちにいる〃〝こいしくば／ナムアミダブツ／とのうべし／われも六字の／うちにこそ棲め〟

《わたしの感想》恋しくばのお歌は親鸞聖人、蓮如上人、法然上人のお歌とも言われる。ということはどのお方もこの心をお持ちであると判断されてきたのである。無相さまはそのままを頂かれ、第一連に自らの信心を述べられた。ところで、倫理学者であり、親鸞のお心を抱かれたお方として白井成允先生がおられた。先生はご苦労多い人生を歩まれたが、長女の明子さんへのご遺言は以下のようである。（花田正夫先生が自著に紹介されている）「明子、今後の生を念仏の中で生きてください。…いつでもどこでももし父のことを思い出すことがあったら南無阿弥陀仏と唱えてください。念仏の中にわたしは生きつづけているのですから」と。このことは真似は出来なくとも、信の上では正しいと多くに勧めたい。
○還相（一）～（四）は連番作品で、念仏詩抄一八〇～一八三頁に。作品からの抜粋させていただく。
（四）―末讃を戴きつつ―として、還相なくして如来さまと善知識の恩徳を報ずることが出来ないとされた。
（前略）されど粉骨／砕身の／かなわぬ凡愚の／身にあれば／ただただ弥陀の／名願を／たのみて未来／還相の／身となり恩徳／報ずべし〃ナムアミダブツ／（以下三回）

《わたしの感想》この和讃釈は無相さんでなくしては生まれない。恩徳讃は往相の身が「報恩の行」として、嘆深く高らかに謳うものであろう。ところが、無相さまであればこそ、凡愚の自覚の深さから、お浄土に往き帰ってきて報恩の行をつとめますと。
☆無相さまはどんなお人であったか。この三千年に一度しか咲かない蓮のようなお方である。『つの』という作品（四八頁）に。
香樹院師おおせに／〝生きながら／角《つの》の生えぬも／不思議なり―〟〃あたまに／そっと／手をあててみる無相さまのお姿に会えます。なむあみだぶつ。

8 木村無相翁三十三回忌法要参加・関与者名簿

青山祐子（越前市）、秋田久美子（福井市）、荒木半次（京都市）、医王宗弘（南越前町）、石本愛子（鯖江市）、石本教治（鯖江市）、泉　義信（坂井市）、岩崎静恵（南越前町）、上木純子（越前市）、上野達之（越前町）、上山幸治（越前市）、内田安雄（越前市）、宇野はな江（越前市）、江端篤子（越前町）、恵美英丸（福井市）、大江法城（坂井市）、大田静代（福井市）、大柳信子（越前市）、刑部亜起子（鯖江市）、加藤禮子（越前市）、笠原　優（鯖江市）、笠原太郎（鯖江市）、笠原栄美（鯖江市）、かじそ仏壇鯖江店（鯖江市）、梶原佑倖（函館市）、（株）吉祥堂（福井市）、鎌数学（鯖江市）、加茂淳光（池田町）、加茂しのぶ（池田町）、北畑康彦（越前市）、北山真理子（福井市）、北山法衣仏具（株）（福井市）、木下幸子（越前町）、木下召乙（越前町）、木下靖子（鯖江市）、喜村和子（南越前町）、日下賢裕（石川県）、久保勇雄（鯖江市）、久保三枝子（大野市）、久保幹雄（大野市）、熊野アサ子（越前市）、熊野三代子（鯖江市）、栗田文雄（越前市）、黒田和代（鯖江市）、桑原康子（福井市）、小泉次男（越前市）、光照寺・上田慧恭（鯖江市）、小大黒屋商店（福井市）、小堂智恵子（越前市）、齊藤多恵子（鯖江市）、齊藤チヨ子（越前市）、佐々木和雄（鯖江市）、佐々木俊枝（越前市）、佐々木英明（越前市）、佐々木祐子（福井市）、定永志まお（坂井市）、自照社出版（京都市）、嶋田賢晃（高槻市）、清水スミ子（越前市）、下川明秀（福井市）、下村義孝（鯖江市）、常照寺・平弦月（福井市）、白藤昭武（南越前町）、菅原崇（鯖江市）、菅原量（越前町）、杉田時江（坂井市）、助田篤郎（鯖江市）、鈴木冨士男（鯖江市）、清田祐二（越前市）、平浩之（福井市）、泰圓澄一法（越前市）、泰圓澄智（越前市）、高岸澄江（越前市）、高佐和弘（福井市）、高帛玲子（鯖江市）、髙橋　淳（越前市）、瀧野広大（大阪市）、竹内映子

（越前市）、竹内武夫（越前市）、橘善證（長浜市）、立花正三（高槻市）、玉川優子（坂井市）、玉村明（越前市）、玉村早苗（越前市）、探究社（京都市）、千秋越裕（越前市）、千秋マツ子（越前市）、千秋利一（越前市）、千葉晃弘（鯖江市）、土橋春子（越前市）、轉法輪正子（越前市）、土井紀明（西宮市）、土井眞由実（西宮市）、藤堂尚夫（越前市）、禿了滉（鯖江市）、徳間義雄（坂井市）、内藤 一（越前市）、長田江見子（鯖江市）、永田文昌堂（京都市）、中野信子（越前市）、中浜好美（福井市）、永宮繁二（越前市）、中村千鶴子（鯖江市）、中村文雄（越前市）、西岡孝純（福井市）、西岡豊子（福井市）、二宮ちづゑ（南越前町）、二宮和晴（南越前町）、野村妙子（越前市）、法岡龍夫（石川県）、橋本信治（越前市）、ヒサノ法衣仏具（福井市）、平崎典（越前市）、平崎玲子（越前市）、広瀬嘉夫（越前市）、福岡右内（鯖江市）、藤 光真（越前市）、藤井 爽（越前市）、藤枝宏壽（越前市）、藤枝純教（横浜市）、藤枝正子（越前市）、藤枝昌文（八千代市）、藤季さない・さき（南越前町）、藤田千代子（福井市）、藤野間 順（南越前町）、北條紘文（福井市）、牧野法衣仏具店㈱（福井市）、松村俊希（越前市）、三浦 央（芦屋市）、三田村清美（南越前町）、光岡美紀子（西宮市）、壬生佐久子（福井市）、村田 冨美子（鯖江市）、安野龍城（越前市）、山形定次（福井市）、山口茂子（大野市）、山崎 昭二（越前市）、山崎宣久（越前市）、山田致敬（越前市）、山田嘉代子（越前市）、山田博英（福井市）、山本有一郎（越前市）、遊亀孝文（越前市）、吉田長幸（福井市）、吉田和美（越前市）、吉村千津美（鯖江市）、渡利千代美（鯖江市）。

9 あとがき 〈無相忌世話人〉

☆無相さん法要。人間の言葉はいらぬ。南無阿弥陀仏。皆さんのおかげで、有難うございます。（加茂淳光）

☆数奇な人生をあゆまれた無相さん、たどりつかれたのがお念仏の世界。〝無生法忍〟有難うございました。（白藤昭武）

☆これから弥陀成仏の御和讃をあげるときは、無相さんのことをいつも思い出すことでしょう。尊いご縁をありがとうございました。なまんだぶつ。（泰圓澄一法）

☆作家井上ひさし流に言うなら、無相さんの念仏詩は、「難しいことをやさしく、やさしいことを深く、深いことを真面目に」応えて下さっている。（安野龍城）

☆無相翁の三十三回忌法要に予想を超える多数の参会者を迎え、無相翁のお徳・還相の御はたらきの大きさを感じました。そこで、いよいよ『念佛詩抄』を深く味わい、その魅力を世に広めたいとの願いで本文集の出版を企画しましたところ、これまた多くの方々からコメント、ご寄稿をいただいて大賛同を得ました。いただいた一つひとつの原稿をタイプ入力していると、どの文面からもお念仏の響きが伝わってくることしきり、感動に指先が震えます。特に、初めて無相さんのご縁を得られた方の原稿が「ナムアミダブツ」で結ばれていたとき、思わず「無相さんの声だ」と目がうるんだことでした。

仏祖の御冥加、無相翁の御影向に、そして関係者各位の御協力に篤く感謝・御礼申し上げ、ますます念仏の声が世にひろまることを念じてやみません。ナムアミダブツ。（藤枝宏壽）

『念佛詩抄』とわたし
＝木村無相翁三十三回忌法要記念文集＝

発行日　平成二十八年六月六日　第一刷

編集者　木村無相翁三十三回忌法要世話人会
事務連絡先
九一五-〇〇八三
福井県越前市押田二―八―三一　藤枝宏壽

発行者　永田文昌堂
六〇〇-八三四二
京都市下京区花屋町通西洞院西入
（電話　〇七五-三七一-六六五一）

ISBN978-4-8162-6233-3 C1015